우리말
어휘력을
키워주는

국어 속 한자

I

하루 한 장의 기적

안재윤 지음

동양북스

1日	2日	3日	4日	5日	6日	7日	8日	9日	10日
教(교)	室(실)	學(학)	校(교)	先(선)	生(생)	門(문)	年(년)	寸(촌)	一(일)
월__일	월__일	월__일	월__일	월__일	월__일	월__일	월__일	월__일	월__일

11日	12日	13日	14日	15日	16日	17日	18日	19日	20日
二(이)	三(삼)	四(사)	五(오)	六(륙)	七(칠)	八(팔)	九(구)	十(십)	萬(만)
월__일	월__일	월__일	월__일	월__일	월__일	월__일	월__일	월__일	월__일

21日	22日	23日	24日	25日	26日	27日	28日	29日	30日
日(일)	月(월)	火(화)	水(수)	木(목)	金(금, 김)	土(토)	東(동)	西(서)	南(남)
월__일	월__일	월__일	월__일	월__일	월__일	월__일	월__일	월__일	월__일

31日	32日	33日	34日	35日	36日	37日	38日	39日	40日
北(북, 배)	大(대)	中(중)	小(소)	王(왕)	民(민)	韓(한)	國(국)	山(산)	長(장)
월__일	월__일	월__일	월__일	월__일	월__일	월__일	월__일	월__일	월__일

41日	42日	43日	44日	45日	46日	47日	48日	49日	50日
軍(군)	人(인)	兄(형)	弟(제)	父(부)	母(모)	靑(청)	白(백)	外(외)	女(녀)
월__일	월__일	월__일	월__일	월__일	월__일	월__일	월__일	월__일	월__일

51日	52日	53日	54日	55日	56日	57日	58日	59日	60日
子(자)	男(남)	旗(기)	林(림)	來(래)	算(산)	數(수)	洞(동, 통)	家(가)	口(구)
월__일	월__일	월__일	월__일	월__일	월__일	월__일	월__일	월__일	월__일

61日	62日	63日	64日	65日	66日	67日	68日	69日	70日
歌(가)	手(수)	足(족)	姓(성)	名(명)	農(농)	事(사)	夫(부)	食(식)	里(리)
월__일	월__일	월__일	월__일	월__일	월__일	월__일	월__일	월__일	월__일

71日	72日	73日	74日	75日	76日	77日	78日	79日	80日
村(촌)	百(백)	千(천)	有(유)	記(기)	每(매)	工(공)	場(장)	所(소)	市(시)
월__일	월__일	월__일	월__일	월__일	월__일	월__일	월__일	월__일	월__일

81日	82日	83日	84日	85日	86日	87日	88日	89日	90日
世(세)	上(상)	下(하)	左(좌)	右(우)	空(공)	間(간)	老(로)	少(소)	同(동)
월__일	월__일	월__일	월__일	월__일	월__일	월__일	월__일	월__일	월__일

91日	92日	93日	94日	95日	96日	97日	98日	99日	100日
時(시)	問(문)	答(답)	祖(조)	孝(효)	道(도)	動(동)	植(식)	物(물)	車(거/차)
월__일	월__일	월__일	월__일	월__일	월__일	월__일	월__일	월__일	월__일

국어가 어려워요.

영어나 수학도 중요한 과목이지만 국어보다 중요하지는 않습니다. 모든 교과 학습은 우리 말, 곧 국어로 이루어지기 때문입니다. 국어를 도구 과목이라고 부르는 것도 그래서입니다. 땅을 일굴 때도 어떤 도구를 쓰느냐에 따라 결과가 달라집니다. 호미보다는 삽이, 삽보다는 포클레인을 써야 시간은 줄이면서도 더 큰 성과를 거둘 수 있습니다.

학년이 올라갈수록 학습을 위한 도구, 즉 국어 실력을 점검하고 취약한 부분을 보완해야 점 점 높아지는 학습 수준을 소화할 수 있습니다. 국어 공부가 어렵다고 호소하는 고학년이 많 은 것은 일상 대화에서 쓰는 입말과 문자로 나타내는 글말의 수준이 점차 벌어지고 있기 때 문입니다. 특히 글을 읽고 이해하는 게 어렵게 느껴지는 이유는 대부분 부족한 어휘력 탓입 니다. 알고 있는 어휘보다 한 단계 이상 높은 수준의 어휘로 이루어진 글을 접하면 공부에 어 려움을 겪을 수밖에 없습니다.

왜 한자를 공부해야 하나요?

우리가 사용하는 어휘 중 한자어가 약 70%를 차지합니다. 게다가 학습에 필요한 어휘는 추 상적인 사고를 나타내는 개념어가 주를 이루는데, 이 개념어의 90% 이상이 바로 한자어입니 다. 따라서 학습 능력의 발전은 어휘력, 즉 한자어를 이해하는 능력에 달려 있다고 할 수 있 습니다. 한자를 바탕으로 만들어진 말인 한자어는 개별 한자의 뜻과 결합 방식에 따라 그 의 미가 결정됩니다. 한자어 학습도 이 같은 한자의 확장성을 최대한 활용해야 학습 효과를 더 욱 높일 수 있습니다.

국어를 잘하고 싶어요.

『국어 속 한자』에는 이 같은 한자의 성격을 십분 활용한 다양한 학습법이 담겨 있습니다. 개 별 한자의 뜻을 기초로 한자어를 풀이하며 익히고, 문장과 글이라는 문맥 안에서 한자어의 쓰임새를 공부하다 보면 한자뿐 아니라 국어도 더는 어렵게 느껴지지 않을 것입니다. 어휘 력이 늘면 단어 뜻을 생각하는 데 오랜 시간을 들일 필요가 없으니 독해력도 늘 뿐 아니라 풍 부한 어휘를 구사할 수 있게 돼 글쓰기 실력도 향상됩니다. 더도 말고 덜도 말고 하루에 한 자씩, 꾸준히 익혀 나가세요.

너른 고을 와유재에서
안재윤

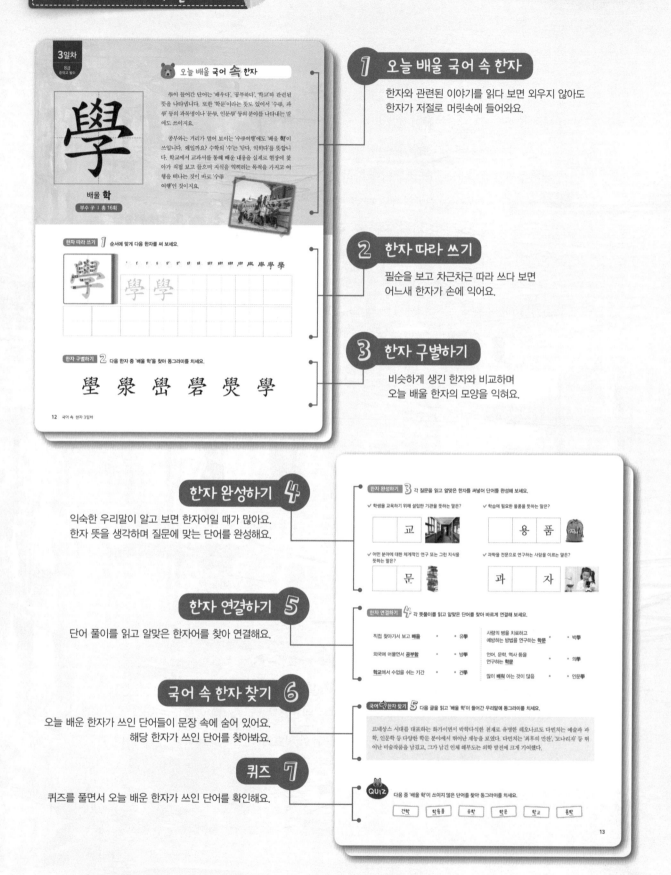

1 오늘 배울 국어 속 한자

한자와 관련된 이야기를 읽다 보면 외우지 않아도
한자가 저절로 머릿속에 들어와요.

2 한자 따라 쓰기

필순을 보고 차근차근 따라 쓰다 보면
어느새 한자가 손에 익어요.

3 한자 구별하기

비슷하게 생긴 한자와 비교하며
오늘 배울 한자의 모양을 익혀요.

4 한자 완성하기

익숙한 우리말이 알고 보면 한자어일 때가 많아요.
한자 뜻을 생각하며 질문에 맞는 단어를 완성해요.

5 한자 연결하기

단어 풀이를 읽고 알맞은 한자어를 찾아 연결해요.

6 국어 속 한자 찾기

오늘 배운 한자가 쓰인 단어들이 문장 속에 숨어 있어요.
해당 한자가 쓰인 단어를 찾아봐요.

7 퀴즈

퀴즈를 풀면서 오늘 배운 한자가 쓰인 단어를 확인해요.

• 한자 급수 시험을 시행하는 주요 기관에서 선정한 급수 한자를 기준으로, 8급 50자와 7급 50자로 구성하였습니다.

부수 ▶ 해당 글자의 기본이 되는 글자를 부수라고 해요.

校
학교 교
부수 木(나무 목)

生
날 생
부수 生(날 생)

• 이처럼 한자 자체가 부수인 글자를 '제부수'라고 해요.

획수 ▶ 펜을 들어 몇 번만에 글자를 완성하는지 나타낸 수를 획수라고 해요.

校
총 10획

 校 → 校 → 校 → 校 → 校 → 校 → 校 → 校 → 校 → 校

필순 ▶ 한자를 쓰는 순서를 필순이라고 해요. 아래 아홉가지 쓰는 규칙을 익혀보세요.

1 위에서 아래로 쓰기

二 → 三 → 三

2 왼쪽에서 오른쪽으로 쓰기

丿 → 川 → 川

3 가로획과 세로획이 교차될 땐 가로획부터 쓰기

一 → 十

4 좌우 모양이 같을 땐 가운데 획 먼저 쓰기

亅 → 小 → 小

5 좌우 구조일 경우 왼쪽에서 오른쪽으로 쓰기

北 → 北 → 北 → 北 → 北

6 안쪽과 바깥쪽이 있을 땐 바깥쪽 먼저 쓰기

丨 → 冂 → 四 → 四 → 四

7 글자 가운데를 관통하는 세로획은 나중에 쓰기

口 → 口 → 口 → 中

8 점은 나중에 찍기

十 → 寸 → 寸

9 받침은 나중에 쓰기

近 → 近 → 斤 → 斤 → 近 → 近 → 近 → 近

ㄱ

한자	음	쪽
家	가	128
歌	가	134
間	간	188
車	거/차	214
工	공	166
空	공	186
校	교	14
敎	교	8
九	구	42
口	구	130
國	국	84
軍	군	92
金	금, 김	60
記	기	162
旗	기	116

ㄴ

한자	음	쪽
南	남	68
男	남	114
女	녀	110
年	년	22
農	농	144

ㄷ

한자	음	쪽
答	답	200
大	대	72
道	도	206
東	동	64
洞	동, 통	126
同	동	194
動	동	208

ㄹ

한자	음	쪽
來	래	120
老	로	190
六	륙	36
里	리	152
林	림	118

ㅁ

한자	음	쪽
萬	만	46
每	매	164
名	명	142
母	모	102
木	목	58
門	문	20
問	문	198
物	물	212
民	민	80

ㅂ

한자	음	쪽
白	백	106
百	백	156
父	부	100
夫	부	148
北	북, 배	70

ㅅ

한자	음	쪽
四	사	32
事	사	146
山	산	86
算	산	122
三	삼	30
上	상	178
生	생	18
西	서	66
先	선	16
姓	성	140
世	세	176
小	소	76
所	소	170
少	소	192
水	수	56
數	수	124
手	수	136
時	시	196
市	시	172
植	식	210
食	식	150
室	실	10
十	십	44

ㅇ

한자	음	쪽
五	오	34
王	왕	78
外	외	108
右	우	184
月	월	52
有	유	160
二	이	28
人	인	94
一	일	26
日	일	50

ㅈ

한자	음	쪽
子	자	112
場	장	168
長	장	88
弟	제	98
祖	조	202
足	족	138
左	좌	182
中	중	74

ㅊ

한자	음	쪽
千	천	158
青	청	104
村	촌	154
寸	촌	24
七	칠	38

ㅌ ㅍ

한자	음	쪽
土	토	62
八	팔	40

ㅎ

한자	음	쪽
下	하	180
學	학	12
韓	한	82
兄	형	96
火	화	54
孝	효	204

우리말
어휘력을 키워주는
국어 속
한자 I

오늘 배울 **국어** 속 한자

教는 '가르치다'를 뜻합니다. 그래서 教가 들어간 단어는 '교육', '공부'와 관련된 뜻을 나타내지요.

'종教'의 '교'도 '가르칠 教'를 씁니다. 왜일까요? 학교에서 교사가 학생을 가르치듯 교회나 절에서도 목사님이나 스님이 신도들에게 종교에 대해 설교를 하기 때문이지요. 그래서 '종教'뿐 아니라 '教회'나 '불教'에도 教가 들어간답니다.

가르칠 교

부수 攵 | 총 11획

한자 따라 쓰기 **1** 순서에 맞게 다음 한자를 써 보세요.

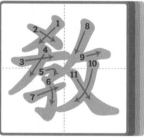

教 教 教 教 教 教 教 教 教 教 教

教	教							

한자 구별하기 **2** 다음 중 '가르칠 교'를 찾아 동그라미를 치세요.

効　教　哮　敎　校　攷

✔ 학생을 가르치는 사람을 뜻하는 말은?

	사

✔ 학교에서 수업할 때 사용하는 교재를 뜻하는 말은?

	과	서

✔ 가르치고 배우는 데 사용하는 방을 뜻하는 말은?

	실

✔ 교사가 수업 준비를 위해 일하는 방을 뜻하는 말은?

	무	실

한자 연결하기 4 각 뜻풀이를 읽고 알맞은 단어를 찾아 바르게 연결해 보세요.

지침이 될 만한 **가르침**　　•　　•　**教**재

가르쳐 양성함,
배움으로 길러진 품성과 품위　　•　　•　**教**양

가르치거나 학습하는 데
쓰이는 재료　　•　　•　**教**훈

사회생활에 필요한 지식이나
기술을 **가르쳐** 능력을 길러줌　　•　　•　**教**육

가르치는 일을 실습하는
(대)학생　　•　　•　**教**수

대학에서 **가르치고**
연구하는 사람　　•　　•　**教**생

국어 속 한자 찾기 5 다음 글을 읽고 '가르칠 교'가 들어간 우리말에 동그라미를 치세요.

토드 로즈는 『나는 사고뭉치였습니다』라는 책을 썼다. 12살 때 ADHD 진단을 받은 토드는 교실에서 늘 주의가 산만하고 충동적인 행동 때문에 친구들과 잘 지내지 못했다. 고등학교 3학년 땐 형편없는 성적 때문에 교사들에게 자퇴를 권고받기도 했다. 그런 그가 어떻게 발달심리학 전문가로서 하버드 대학교의 교수가 되었을까? 토드의 성공 뒤에는 부모의 지지와 남다른 가정교육이 있었다.

QUIZ

다음 중 '가르칠 교'가 쓰이지 않은 단어를 찾아 동그라미를 치세요.

교훈	교재	교양	학교	교생	교과서

오늘 배울 국어 **속** 한자

집 실

부수 宀 | 총 9획

室은 본래 '집', '방'을 뜻하지만, 나중에 '~하는 공간', '~하는 곳'이라는 뜻이 덧붙여졌습니다.

'교장室' 문에는 '재室' 표찰이 붙어 있습니다. '재室'은 '실내에 있음'이란 뜻으로, 교장 선생님이 '외출하지 않고 교장실에 계시다'라는 의미를 나타내지요.

'냉장室', '냉동室'에도 室이 쓰입니다. 여기서 室은 '~하는 공간', '~하는 곳'이라는 뜻으로, '냉장室'은 '음식물 등을 낮은 온도에서 차갑게 저장하는 곳', '냉동室'은 '식품 등을 얼려서 보관하는 곳'을 말하지요.

한자 따라 쓰기 **1** 순서에 맞게 다음 한자를 써 보세요.

室室室室室室室室室

室	室							

한자 구별하기 **2** 다음 중 '집 실'을 찾아 동그라미를 치세요.

実　实　宝　室　室　宅

✔ 학습 활동이 이루어지는 방을 이르는 말은?

 교

✔ 화장을 고치고 손을 씻을 수 있는 곳으로 변소를 달리 이르는 말은?

화 장

✔ 잠을 자는 방을 뜻하는 말은?

 침

✔ 병을 치료하기 위해 환자가 지내는 방을 뜻하는 말은?

병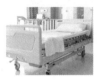

한자 연결하기 ④ 각 뜻풀이를 읽고 알맞은 단어를 찾아 바르게 연결해 보세요.

방이나 건물의 안 • • 온室

난방 장치를 한 방, 추울 때 식물을 재배하는 구조물 • • 室내

옷을 갈아입는 방 • • 탈의室

교사가 수업 준비와 학교 업무를 보는 공간 • • 양호室

쉴 수 있도록 마련한 방 • • 교무室

학생의 건강이나 위생에 관한 일을 맡아보는 곳 • • 휴게室

국어 속 한자 찾기 ⑤ 다음 글을 읽고 '집 실'이 들어간 우리말에 동그라미를 치세요.

유리는 며칠간의 장마가 너무 좋았다. 왜냐하면 체육 수업을 교실에서 실내 수업으로 진행했기 때문이다. 하지만 장마가 지나고 날씨가 좋아지자 이내 다시 운동장 수업이 되었다. 꾀가 난 유리는 단짝 친구 태연에게 부축해달라고 부탁한 뒤 최대한 아파 보이는 표정을 연습했다. 그리고 둘은 교장실을 지나 양호실로 갔다. 유리의 꾀병 작전은 성공할 수 있을까?

QUIZ 다음 중 '집 실'이 쓰이지 않은 단어를 찾아 동그라미를 치세요.

실내   실수   온실   병실   교실   탈의실

오늘 배울 국어 **속** 한자

배울 **학**

부수 子 | 총 16획

學이 들어간 단어는 '배우다', '공부하다', '학교'와 관련된 뜻을 나타냅니다. 또한 '학문'이라는 뜻도 있어서 '수學, 과學' 등의 과목명이나 '문學, 인문學' 등의 분야를 나타내는 말에도 쓰이지요.

공부와는 거리가 멀어 보이는 '수學여행'에도 '배울 **학**'이 쓰입니다. 왜일까요? 수학의 '수'는 '닦다, 익히다'를 뜻합니다. 학교에서 교과서를 통해 배운 내용을 실제로 현장에 찾아가 직접 보고 들으며 지식을 익히려는 목적을 가지고 여행을 떠나는 것이 바로 '수學여행'인 것이지요.

한자 따라 쓰기 **1** 순서에 맞게 다음 한자를 써 보세요.

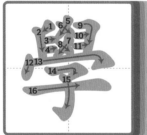

學 學 學 學 學 學 學 學 學 學 學 學 學 學

學 學

한자 구별하기 **2** 다음 중 '배울 학'을 찾아 동그라미를 치세요.

塱　槳　嶨　礜　燩　學

한자 완성하기 3 각 질문을 읽고 알맞은 한자를 써넣어 단어를 완성해 보세요.

✔ 학생을 교육하기 위해 설립한 기관을 뜻하는 말은?

	교

✔ 학습에 필요한 물품을 뜻하는 말은?

	용	품

✔ 어떤 분야에 대한 체계적인 연구 또는 그런 지식을 뜻하는 말은?

	문

✔ 과학을 전문으로 연구하는 사람을 이르는 말은?

과		자

한자 연결하기 4 각 뜻풀이를 읽고 알맞은 단어를 찾아 바르게 연결해 보세요.

직접 찾아가서 보고 **배움** • • 유**學**

외국에 머물면서 **공부함** • • 방**學**

학교에서 수업을 쉬는 기간 • • 견**學**

사람의 병을 치료하고 예방하는 방법을 연구하는 **학문** • • 박**學**

언어, 문학, 역사 등을 연구하는 **학문** • • 의**學**

많이 **배워** 아는 것이 많음 • • 인문**學**

국어 속 한자 찾기 5 다음 글을 읽고 '배울 학'이 들어간 우리말에 동그라미를 치세요.

르네상스 시대를 대표하는 화가이면서 박학다식한 천재로 유명한 레오나르도 다빈치는 예술과 과학, 인문학 등 다양한 학문 분야에서 뛰어난 재능을 보였다. 다빈치는 '최후의 만찬', '모나리자' 등 뛰어난 미술작품을 남겼고, 그가 남긴 인체 해부도는 의학 발전에 크게 기여했다.

QUIZ 다음 중 '배울 학'이 쓰이지 않은 단어를 찾아 동그라미를 치세요.

견학   학용품   유학   학문   학교   흥학

13

오늘 배울 국어 **속** 한자

학교 **교**

부수 木 | 총 10획

校가 들어간 단어는 주로 '학교'와 관련된 뜻을 나타냅니다.

校는 '군대에서 병사를 지휘하는 사람'을 가리키는 '장교'라는 뜻도 지니고 있습니다.

'엄마'라는 뜻의 '모'에 '학교'라는 뜻의 校가 결합하면 '모校'가 됩니다. 그럼 '모校'는 '엄마가 다닌 학교'일까요? 아닙니다. '모校'는 '자기가 다니거나 졸업한 학교'를 말합니다. 아기가 엄마 뱃속에 있다가 세상에 나오는 것에 빗대 자기가 나온 학교도 '모校'라고 부르는 것이지요.

한자 따라 쓰기 1 순서에 맞게 다음 한자를 써 보세요.

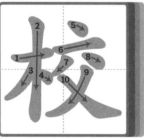

校 校 校 校 校 校 校 校 校 校

校	校							

한자 구별하기 2 다음 중 '학교 교'를 찾아 동그라미를 치세요.

佼 恔 校 挍 絞 狡

3 각 질문을 읽고 알맞은 한자를 써넣어 단어를 완성해 보세요.

✔ 교사가 학생을 교육하는 기관을 뜻하는 말은?

학	

✔ 학교에서 정하여 전교생에게 똑같이 입게 하는 옷을 뜻하는 말은?

	복

✔ 학교의 정면에 있는 주가 되는 출입문을 뜻하는 말은?

	문

✔ 군대에서 소위 이상의 계급에 속하는 군인을 뜻하는 말은?

장	

4 각 뜻풀이를 읽고 알맞은 단어를 찾아 바르게 연결해 보세요.

학교에서 함께 공부하는 친구 •　　　• **校**가

학생이 지켜야 하는 **학교** 규칙 •　　　• **校**우

학교를 상징하는 노래 •　　　• **校**칙

학교 안 •　　　• 하**校**

학교에서 집으로 돌아옴 •　　　• **校**내

학교에 감 •　　　• 등**校**

5 다음 글을 읽고 '학교 교'가 들어간 우리말에 동그라미를 치세요.

영국 학교는 교칙이 엄격한 것으로 유명하다. 초등학교 1학년부터 재킷, 셔츠, 후크가 달린 교복 바지를 입어야 한다. 4학년부터는 넥타이도 매야 한다. 양말은 검은색이나 흰색이어야 하고, 검정 구두를 신어야 한다. 등교할 때는 비가 와도 우산을 쓰면 안 되고 검은색 바람막이 점퍼만 착용 가능하다고 한다.

QUIZ 다음 중 '학교 교'가 쓰이지 않은 단어를 찾아 동그라미를 치세요.

교가　　하교　　교우　　장교　　교내　　교과서

오늘 배울 국어 속 한자

먼저 선

부수 儿 I 총 6획

先은 '먼저', '앞선'을 뜻합니다. 그래서 先이 들어간 단어는 '남보다 먼저', '남보다 앞서서'라는 뜻을 나타냅니다.

"그건 너의 선입견에 불과해!" 여기서 '先입견'은 '먼저 들어와 있는 생각', 즉 이미 마음속에 가지고 있는 견해나 관념을 말합니다. 자기 생각을 고집하면서 다른 사람의 의견을 받아들이려 하지 않는 태도를 지적할 때 흔히 쓰이는 말이지요.

한자 따라 쓰기 **1** 순서에 맞게 다음 한자를 써 보세요.

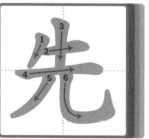

先 先 先 先 先 先

先	先					

한자 구별하기 **2** 다음 중 '먼저 선'을 찾아 동그라미를 치세요.

充　先　允　先　元　生

한자 완성하기 3 각 질문을 읽고 알맞은 한자를 써넣어 단어를 완성해 보세요.

✔ 무리의 맨 앞이나 어떤 활동의 맨 앞을 뜻하는 말은?

	두

✔ 먼저 도착하는 순서를 뜻하는 말은?

	착	순

✔ 같은 분야에서 자기보다 앞서거나 높은 사람을 뜻하는 말은?

	배

✔ 학생을 가르치는 사람을 높여 이르는 말은?

	생	님

한자 연결하기 4 각 뜻풀이를 읽고 알맞은 단어를 찾아 바르게 연결해 보세요.

급하게 **먼저** 해야 할 일 • • 솔先

남보다 앞장서서 먼저 함 • • 급先무

먼저 하는 공격 • • 先제공격

먼저 한 약속 • • 先봉

남보다 **먼저** 차지함 • • 先약

무리의 **앞**자리,
그 자리에 선 사람 • • 先점

국어 속 한자 찾기 5 다음 글을 읽고 '먼저 선'이 들어간 우리말에 동그라미를 치세요.

우리 대표팀의 선제공격으로 시작한 칠레와의 축구 경기에서 손흥민과 황의조가 선봉에 섰다. 우리 대표팀의 급선무는 가장 좋은 공격 포인트를 선점하는 것이었다. 두 선수는 공격의 선두에서 이 역할을 충분히 잘 해주었다. 역시 선배와 후배 선수들의 호흡이 잘 맞은 멋진 경기였다.

QUIZ 다음 중 '먼저 선'이 쓰이지 않은 단어를 찾아 동그라미를 치세요.

급선무	선두	직선	선배	솔선	선약

오늘 배울 국어 속 한자

날 생

부수 生 | 총 5획

生은 '태어나다', '낳다', '살아 있다', '신선하다', '생겨나다' 등 다양한 뜻을 지닙니다.

'고시生, 취업 준비生'의 生은 '학생'이란 뜻입니다. 어떤 일을 하기 위해 배우고 준비하는 사람을 가리키지요.

'生과일', '生면', '生유산균'처럼 生이 들어간 식품 이름을 보면 어떤 느낌이 드나요? 그냥 '과일, 면, 유산균'이라고 부를 때보다 더 신선하고 싱싱한 느낌이 들지 않나요? 식품 회사도 바로 이런 느낌을 강조할 목적으로 '生'을 식품 이름에 넣는답니다.

한자 따라 쓰기 1 순서에 맞게 다음 한자를 써 보세요.

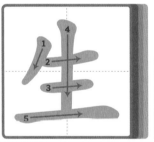

生 生 生 生 生

生 生

한자 구별하기 2 다음 중 '날 생'을 찾아 동그라미를 치세요.

坒　生　壬　主　玉　초

✔ 중학교에 다니는 학생을 이르는 말은?

중	학	

✔ 세상에 태어난 날을 뜻하는 말은?

	일

✔ 다른 동물에 붙어사는 벌레를 이르는 말은?

기		충

✔ 사람이 세상에 태어남을 이르는 말은?

출	

한자 연결하기 4 각 뜻풀이를 읽고 알맞은 단어를 찾아 바르게 연결해 보세요.

귀하거나 높은 사람이
태어남을 높여 이르는 말 •   • **生**활

태어나서 죽을 때까지
살아서 유지되는 상태 •   • 탄**生**

살아가면서 경험하고 활동함 •   • **生**명

어렵고 고되게 **살아감** •   • 발**生**

사람이 세상을 **살아가는** 일 •   • 인**生**

일이나 사물이 **생겨남** •   • 고**生**

국어 속 한자 찾기 5 다음 글을 읽고 '날 생'이 들어간 우리말에 동그라미를 치세요.

탄생과 출생은 둘 다 사람이 태어난 것을 일컫는 말이다. 그런데 생일을 축하할 때 탄생이라고 하면 더 귀한 생명이 태어난 것 같은 느낌이 드는 건 왜일까? 예전에는 성인이나 귀한 사람이 태어난 것을 일컬어 탄생이라고 구별해서 말했기 때문이다.

QUIZ 다음 중 '날 생'이 쓰이지 않은 단어를 찾아 동그라미를 치세요.

생활	인생	고생	발생	기생충	희생

門

문 문

부수 門 l 총 8획

🐻 오늘 배울 국어 속 한자

門이 들어간 단어는 '문'과 관련된 뜻을 나타냅니다. 이외에 '집안', '분야'를 뜻하기도 하지요.

'입門'은 한자 그대로 풀이하면 문이나 방문을 열고 들어갈 때를 나타내는 말로 착각하기 쉽지만 사실 전혀 다른 뜻을 지닙니다. 여기서 '門'은 '분야'라는 뜻으로, '입門'은 '어떤 분야에 처음 들어서다'를 뜻하는 말이지요. 그래서 흔히 '바둑에 입문하다', '야구에 입문하다'라는 표현을 씁니다.

한자 따라 쓰기 1 순서에 맞게 다음 한자를 써 보세요.

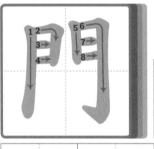

門 門 門 門 門 門 門 門

門	門					

한자 구별하기 2 다음 중 '문 문'을 찾아 동그라미를 치세요.

們　閅　門　門　閈　鬥

✔ 공기나 햇빛이 통하도록 벽이나 지붕에 낸 문을
뜻하는 말은?

창	

✔ 집 바깥으로 통하는 큰 문을 뜻하는 말은?

대	

✔ 방에 드나들기 위해 낸 문을 뜻하는 말은?

방	

✔ 회전하면서 드나들게 만든 문을 뜻하는 말은?

회	전	

한자 연결하기 **4** 각 뜻풀이를 읽고 알맞은 단어를 찾아 바르게 연결해 보세요.

정면에 있는 중심이 되는 **문** • • 항**門**

성의 **문** • • 성**門**

대변을 내보내는 **문** • • 정**門**

이름난 **집안**이나 학교 • • 전**門**가

어떤 **분야**에 깊은 지식이나
많은 경험을 지닌 사람 • • 가**門**

집의 **문**, 가족 또는 가까운
일**가**로 이루어진 공동체 • • 명**門**

국어 속 한자 찾기 **5** 다음 글을 읽고 '문 門'이 들어간 우리말에 동그라미를 치세요.

조선시대에 서울은 성곽으로 둘러싸여 있었고 동서남북에 네 개의 정문을 두었다. 지금 남아 있는 동대문과 남대문은 홍인지문, 숭례문이라고 불렸다. 서대문은 돈의문이라고 불렸는데 일제 강점기에 일본에 의해 철거되었다. 북대문인 숙정문은 사람들이 잘 다니지 않는 산 쪽이라 그 규모가 크지 않았다. 그밖에 성곽 곳곳에 여러 성문이 있었다.

QUIZ 다음 중 '문 門'이 쓰이지 않은 단어를 찾아 동그라미를 치세요.

항문	전문가	명문	회전문	가문	학문

해 **년(연)**

부수 干 l 총 6획

🐻 **오늘 배울 국어 속 한자**

年은 '한 해', '나이'를 뜻합니다. 1년을 '한 해'라고 하지요.

'만年필'은 '만년을 쓰는 붓'이라는 뜻입니다. 왜 이런 이름이 붙었을까요? 예로부터 짐승의 털로 만든 붓을 사용해 온 조선 선비들이 1900년대 초에 서양 선교사들이 '잉크를 넣어 쓰는 필기구'를 들여오자 이를 두고 '오래 쓸 수 있는 붓'이라는 뜻의 '만年필'이라고 불렀다는 데서 유래한 말이지요.

한자 따라 쓰기 **1** 순서에 맞게 다음 한자를 써 보세요.

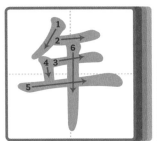

年年年年年年

年	年					

한자 구별하기 **2** 다음 중 '해 년'을 찾아 동그라미를 치세요.

牛　午　千　年　竿　芉

✔ 한 해의 마지막 무렵을 뜻하는 말은?

	말

✔ 한 해의 처음 무렵을 뜻하는 말은?

	시

✔ 나이가 어린 사내아이를 뜻하는 말은?

소	

✔ 곡식이 잘 자라 수확이 많은 해를 뜻하는 말은?

풍	

한자 연결하기 **4** 각 뜻풀이를 읽고 알맞은 단어를 찾아 바르게 연결해 보세요.

새로 시작되는 **해**	•	• 금**年**

앞으로 올 **해**, 다음 **해**	•	• 내**年**

지금 지내는 **해**, 올**해**	•	• 신**年**

가장 **나이**가 적음	•	• **年**상

성인이 되는 **나이**, 만 19세 이상의 남녀	•	• 성**年**

자기보다 **나이**가 많음	•	• 최**年**소

국어 속 한자 찾기 **5** 다음 글을 읽고 '해 년'이 들어간 우리말에 동그라미를 치세요.

'동짓날이 추워야 풍년 든다'는 속담이 있다. 동지는 12월 22일이나 23일경인데 그날 추위와 풍년이 어떤 관계가 있다는 말일까? 사실 동짓날 하루뿐만 아니라 금년 겨울의 추위는 내년 농사와 깊은 관계가 있다. 겨울이 추우면 병충해가 얼어 죽어 신년 농사가 잘 될 수 있기 때문이다. 추운 겨울철을 보내면서도 풍년을 기원하는 농부의 마음이 깃들어 있는 것이다.

QUIZ 다음 중 '해 년'이 쓰이지 않은 단어를 찾아 동그라미를 치세요.

연애	금년	최연소	연말	내년	풍년

오늘 배울 **국어 속 한자**

마디 촌

부수 寸 | 총 3획

寸은 '마디'를 가리키는 한자로, 주로 '짧다'라는 의미를 나타냅니다. 친족 간에 멀고 가까움을 나타내는 '촌수'를 따질 때도 寸을 쓰지요.

'寸수'는 어떻게 계산할까요? 먼저 가장 가까운 '나 ← 부모' 사이는 '1寸'이라고 합니다. 형제 사이는 '나 ← 부모 → 형제'로 1촌이 두 번 더해지니 '2寸'이 되지요. 1촌(부모와 나 사이)과 2촌(부모의 형제 사이)이 더해진 '3寸'은 나와 부모의 형제 사이를 나타냅니다. 3촌 관계인 부모의 형제의 자식과는 '4寸' 사이가 된답니다.

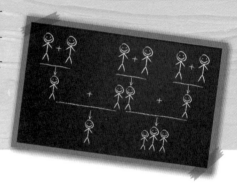

한자 따라 쓰기 1 순서에 맞게 다음 한자를 써 보세요.

寸 寸 寸

寸	寸				

한자 구별하기 2 다음 중 '마디 촌'을 찾아 동그라미를 치세요.

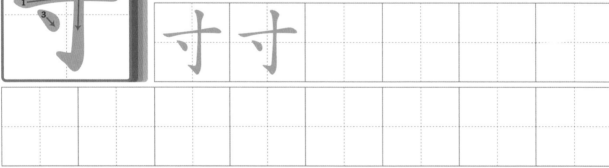

朩　才　寸　丁　下　犬

한자 완성하기 **3** 각 질문을 읽고 알맞은 한자를 써넣어 단어를 완성해 보세요.

✔ 친척 사이의 가까운 정도를 나타내는 수를 이르는 말은?

	수

✔ 아버지, 어머니의 형제로, 특히 결혼하지 않은 남자 형제를 이르는 말은?

삼	

✔ 아버지, 어머니의 형제자매의 아들과 딸로, 촌수가 4인 친척을 이르는 말은?

사	

✔ 남이지만 사촌이나 다를 바 없는 이웃을 이르는 말은?

이	웃	사	

한자 연결하기 **4** 각 뜻풀이를 읽고 알맞은 단어를 찾아 바르게 연결해 보세요.

무엇에 대해 매우 **짧게** 평가함 또는 그런 평가 ● ● 寸각

아주 **짧은** 시간 ● ● 寸평

아주 **짧은** 단편적인 연극 ● ● 寸극

어머니의 남자 형제로 **촌**수가 3인 친척 ● ● 팔寸

아이돌 그룹을 좋아하는 삼**촌**뻘의 팬(신조어) ● ● 외삼寸

촌수가 8인 친족 ● ● 삼寸팬

국어 속 한자 찾기 **5** 다음 글을 읽고 '마디 촌'이 들어간 우리말에 동그라미를 치세요.

우리나라는 예부터 혈연관계로 맺어진 공동체로 촌수를 매우 중시해왔다. 어른들이 지금도 무슨 일이 생기면 사돈에 팔촌까지 아는 사람들 모두에게 연락하는 것을 보면 알 수 있다. 하지만 요즘은 먼 곳에 사는 삼촌이나 사촌보다 가까운 곳에 살면서 매일 보는 이웃이 더 가깝다고 하여 이웃사촌이라는 말이 생겨나기도 했다.

QUIZ 다음 중 '마디 촌'이 쓰이지 않은 단어를 찾아 동그라미를 치세요.

촌각	사촌	이웃사촌	외삼촌	농촌	삼촌팬

오늘 배울 **국어 속 한자**

一은 숫자 1, '하나'를 뜻하지만 '모든', '한결같은'이라는 뜻으로도 쓰입니다.

'一대 사건'이라는 표현에서 '一대'는 '아주 큰, 아주 굉장한'이라는 뜻으로 쓰였습니다. 여기서 '대'는 '크다, 굉장하다'를 뜻한다면 '一'은 '아주'라는 의미의 강조를 나타냅니다. 그 이유는 一이 순서상 맨 첫 번째로 나오는 수이므로 모든 수를 대표하는 역할을 한다고 여겨지기 때문이지요.

한 일

부수 一 | 총 1획

한자 따라 쓰기 **1** 순서에 맞게 다음 한자를 써 보세요.

一

한자 구별하기 **2** 다음 중 '한 일'을 찾아 동그라미를 치세요.

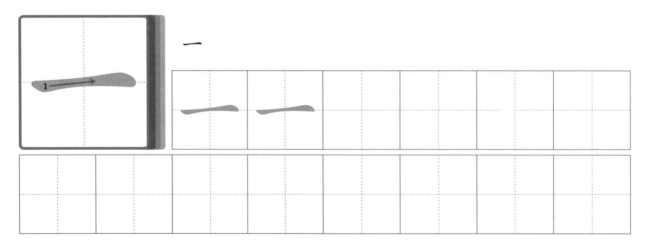

二　一　三　ノ　丶　亠

✔ 어떤 것과 비교하여 모든 면이 똑같음을 이르는 말은?

| 동 | |

✔ 여러 가지를 하나로 일치시키는 것을 뜻하는 말은?

| 통 | |

✔ 한 송이 붉은 꽃 또는 여럿 가운데 오직 하나 다른 것을 비유적으로 이르는 말은?

| 홍 | | 점 |

✔ 함께 길을 가는 사람이나, 한 무리를 뜻하는 말은?

| | 행 |

한자 연결하기 **4** 각 뜻풀이를 읽고 알맞은 단어를 찾아 바르게 연결해 보세요.

오직 그것 **하나**뿐임 ● ● 택一

한결같음, 차이가 없음 ● ● 一부분

여럿 가운데 **하나**를 고름 ● ● 一단

모든 것, 전부, 완전히 ● ● 균一

한번, 우선 잠깐 ● ● 유一

어떤 것의 **한** 부분 ● ● 一체

국어 **속** 한자 찾기 **5** 다음 글을 읽고 '한 일'이 들어간 우리말에 동그라미를 치세요.

"그녀는 우리 일행 중에 홍일점이다." 여기서 홍일점은 '푸른 수풀 가운데 한 송이 붉은 꽃'이라는 뜻으로, 많은 남자들 가운데 있는 한 명의 여자를 이르는 말이다. 홍일점에는 이미 '유일한'이라는 뜻이 들어있으므로 '유일한 홍일점'이라는 말은 어색한 말이 된다.

QUIZ 다음 중 '한 일'이 쓰이지 않은 단어를 찾아 동그라미를 치세요.

| 별일 | 균일 | 동일 | 일체 | 택일 | 일부분 |

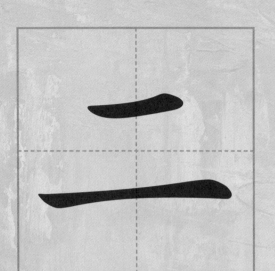

두 이

부수 二 l 총 2획

🐻 오늘 배울 국어 **속** 한자

二는 숫자 2, '둘'을 뜻하는 한자입니다.

판소리계 소설 중 하나인 〈춘향전〉에는 '二팔청춘'이라는 표현이 등장합니다. '꽃다운 젊은 시절'을 의미하는 '二팔청춘'은 28세가 아니라 16세 전후를 뜻합니다. 왜일까요? 여기서 '二팔'은 '2 곱하기 8'을 나타냅니다. 옛날 중국에서는 구구단을 사용해서 셈을 했는데, 이것이 조선 시대에 우리나라에 전해진 것이지요.

한자 따라 쓰기 **1** 순서에 맞게 다음 한자를 써 보세요.

한자 구별하기 **2** 다음 중 '두 이'를 찾아 동그라미를 치세요.

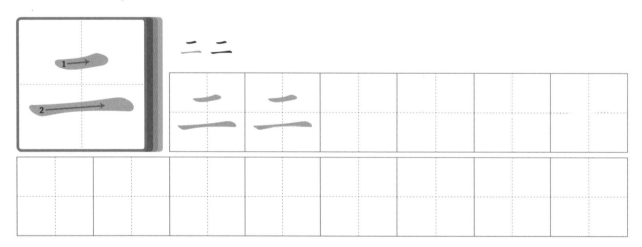

一 弍 三 二 于 上

✔ 바퀴가 두개인 차로, 자전거나 오토바이 등을 이르는 말은?

	륜	차	

✔ 이중으로 만든 창문을 뜻하는 말은?

	중	창	

✔ 이층으로 지은 집을 뜻하는 말은?

	층	집	

✔ 1950년 6월 25일에 발생한 한국전쟁을 이르는 말은?

	육		오	

한자 연결하기 **4** 각 뜻풀이를 읽고 알맞은 단어를 찾아 바르게 연결해 보세요.

두 번째 인칭,
듣는 사람을 이르는 인칭 •
• 二산화탄소

하나의 사물에 있는
서로 다른 **두** 가지 성질 •
• 신토불二

CO₂, 탄소 하나(C)에
산소 **둘**(O₂)이 결합한 기체 •
• 二인칭

몸과 땅은 **둘**이 아님, 우리 몸엔
우리 농산물이 잘 맞음 •
• 二중성

한꺼번에 겹친 **두** 가지 고통 •
• 二중고

0과 1 **둘**로 된 수 표기법 •
• 二진법

국어 속 한자 찾기 **5** 다음 글을 읽고 '두 이'가 들어간 우리말에 동그라미를 치세요.

지구온난화를 막기 위해 이산화탄소 발생을 줄이려는 노력이 필요하다. 먼 지역에서 생산한 농산품
보다는 가까운 지역의 농산물을 이용하자는 '로컬 푸드 운동'은 신토불이처럼 건강에도 도움이 되지
만 환경보호에도 기여한다. 이중창과 같은 창문 단열에 신경을 쓰면 냉난방할 때 사용되는 전기와
가스 사용량이 줄어 이산화탄소 발생량을 줄일 수 있다.

QUIZ 다음 중 '두 이'가 쓰이지 않은 단어를 찾아 동그라미를 치세요.

이인칭　　신토불이　　이름　　이층집　　이중성　　이진법

 오늘 배울 국어 **속** 한자

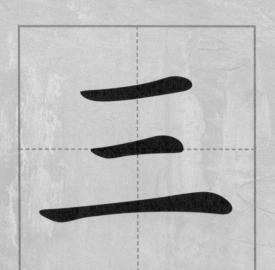

석 삼

부수 一 | 총 3획

三은 숫자 3, '셋'을 뜻하는 한자입니다.

우리 속담 중 '삼척동자도 다 안다'라는 말이 있습니다. '三척동자'란 '키가 삼척(90cm 정도)밖에 안 되는 철부지 어린아이'를 뜻합니다. 배우지 않아 지식이나 식견이 없는 사람을 비유적으로 이를 때 쓰이기도 하지요.

한자 따라 쓰기 1 순서에 맞게 다음 한자를 써 보세요.

三 三 三

三	三						

한자 구별하기 2 다음 중 '석 삼'을 찾아 동그라미를 치세요.

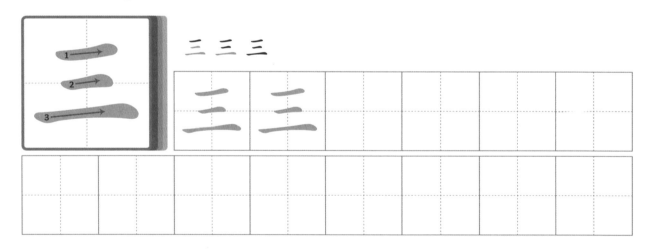

上　彡　三　土　三　二

✔ 바탕이 되는 세 가지 색으로 물감에서는 자홍, 청록, 노랑이고, 빛에서는 빨강, 초록, 파랑을 뜻하는 말은?

	원	색

✔ 3월 1일 독립운동을 기념하는 국경일을 이르는 말은?

	일	절

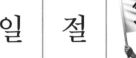

✔ 친하게 지내는 세 사람을 비유적으로 이르는 말은?

	총	사

✔ 진나라의 학자 진수가 지은 중국 삼국시대의 역사를 기록한 책을 이르는 말은?

	국	지

한자 연결하기 **4** 각 뜻풀이를 읽고 알맞은 단어를 찾아 바르게 연결해 보세요.

국토가 **삼**천 리 정도 된다하여, 우리나라를 비유적으로 이르는 말 •

• 三천리

나라가 **셋**으로 쪼개진 시대 •

• 三국유사

승려 일연이 지은 **삼**국시대 역사책 •

• 三국시대

김부식이 지은 **삼**국시대 역사책 •

• 三관왕

세 종목에서 우승한 사람 •

• 三인칭

말하고 듣는 사람 이외의 제 **3**의 사람을 가리키는 말 •

• 三국사기

국어 속 한자 찾기 **5** 다음 글을 읽고 '석 삼'이 들어간 우리말에 동그라미를 치세요.

우리나라에도 고구려, 백제, 신라의 세 나라가 맞서 있던 삼국시대가 있었지만 중국에도 삼국시대가 있었다. 유비, 관우, 장비가 삼총사처럼 활약한 '촉나라', 간사한 영웅으로 그려진 조조의 '위나라', 손견, 손책, 손권 등의 '오나라'가 바로 삼국이다. 『삼국지』는 바로 중국 삼국시대의 영웅호걸들에 관한 이야기다.

QUIZ 다음 중 '석 삼'이 쓰이지 않은 단어를 찾아 동그라미를 치세요.

삼천리	인삼	삼관왕	삼원색	삼인칭	삼일절

오늘 배울 국어 **속** 한자

넉 사

부수 口 | 총 5획

四는 숫자 4, '넷'을 뜻하는 한자입니다.

'군자'는 덕이 많은 사람을 일컫는 말입니다. 그렇다면 '四군자'는 '네 명의 군자'일까요? 아닙니다. '四군자'는 동양화에 주로 등장하는 소재인 '매화, 난초, 국화, 대나무'를 가리키는 말이지요. 이 네 가지 식물이 절개와 지조, 충성, 청렴 등 군자가 지녀야 할 덕목과 지혜를 상징한다고 하여 옛 선비들은 사군자가 등장하는 그림을 그리며 그러한 덕목을 배우고자 했답니다.

한자 따라 쓰기 **1** 순서에 맞게 다음 한자를 써 보세요.

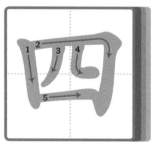

四 四 四 四 四

四	四						

한자 구별하기 **2** 다음 중 '넉 사'를 찾아 동그라미를 치세요.

囧 囚 田 西 四 囚

✔ 네 개의 꼭짓점이 있고 네 개의 선분으로 둘러싸인
  평면 도형을 뜻하는 말은?

	각	형

✔ 동서남북 네 방향을 통틀어 이르는 말은?

	방

✔ 봄, 여름, 가을, 겨울을 이르는 말은?

	계	절

✔ 1년 중 네 번째 달을 이르는 말은?

	월

한자 연결하기 **4** 각 뜻풀이를 읽고 알맞은 단어를 찾아 바르게 연결해 보세요.

부모의 형제의 아들과 딸로,
촌수가 **4**인 친척   •   • 四사구

야구에서 볼**넷**과 몸에 맞는
볼을 일컫는 말   •   • 四박자

악곡의 한 마디가 **네** 박자로
된 것, $\frac{4}{2}$.$\frac{4}{4}$.$\frac{4}{8}$ 박자 등이 있음   •   • 四촌

네 개의 차원, 남들과 다른
특이한 생각이나 행동하는 사람   •   • 四지

서울 도성의 **사**방에 세운
네 개의 대문   •   • 四대문

네 개의 팔다리,
두 팔과 두 다리   •   • 四차원

국어 **속** 한자 찾기 **5** 다음 글을 읽고 '넉 사'가 들어간 우리말에 동그라미를 치세요.

사차원은 차원이 네 개 있다는 것이다. 수학에서 점은 0차원이다. 점이 움직이는 흔적을 따라가면 1차원인 선이 된다. 직선이 곧게 움직인 흔적은 사각형인 면이 되는데 이 면은 2차원이다. 사각형 면이 움직여 입체도형이 되면 그것은 3차원이다. 입체도형이 움직인 시간의 흔적을 사차원이라고 하는데, 그럼 그것은 어떤 모양일까?

QUIZ   다음 중 '넉 사'가 쓰이지 않은 단어를 찾아 동그라미를 치세요.

사차원	사람	사대문	사방	사지	사계절

오늘 배울 국어 **속** 한자

五는 숫자 5, '다섯'을 뜻하는 한자입니다.

'五만'은 말 그대로 50,000을 가리키지만 '五만가지'와 '五만상'처럼 뒤에 나오는 말을 꾸며줄 때는 '매우 많은 수량이나 종류'를 뜻하기도 한답니다. 단, 화폐 단위를 나타내는 '五만 원'의 '五만'은 숫자 50,000을 가리키지요.

다섯 오

부수 二 | 총 4획

한자 따라 쓰기 **1** 순서에 맞게 다음 한자를 써 보세요.

五 五 五 五

五 五

한자 구별하기 **2** 다음 중 '다섯 오'를 찾아 동그라미를 치세요.

玉　亙　生　五　互　王

✔ 같은 색의 바둑돌 다섯 개를 잇따라 먼저 놓은 사람이 이기는 바둑놀이를 이르는 말은?

	목

✔ 오대주의 평화와 협력을 상징하는 원을 그려 넣은 올림픽을 대표하는 기를 뜻하는 말은?

	륜	기

✔ 악보를 그릴 수 있도록 다섯 개의 선이 그려진 종이를 뜻하는 말은?

	선	지

✔ 다섯 개의 꼭짓점이 있고 다섯 개의 선분으로 둘러싸인 평면 도형을 뜻하는 말은?

	각	형

한자 연결하기 4 각 뜻풀이를 읽고 알맞은 단어를 찾아 바르게 연결해 보세요.

다섯 가지 감각
시각, 청각, 후각, 미각, 촉각 •

• **五**행

다섯 가지 중요한 곡식
쌀, 보리, 콩, 조, 기장 •

• **五**곡

다섯 가지 맛
신맛, 쓴맛, 매운맛, 단맛, 짠맛 •

• **五**감

다섯 가지 색
파랑, 노랑, 빨강, 하양, 검정 •

• **五**장

우주 만물을 이루는 **다섯** 가지
목, 화, 토, 금, 수 •

• **五**미

다섯 개의 신체 내장 기관
간장, 심장, 신장, 폐장, 비장 •

• **五**색

국어 속 한자 찾기 5 다음 글을 읽고 '다섯 오'가 들어간 우리말에 동그라미를 치세요.

예부터 우리 민족은 다섯을 아주 중요한 수로 여겨 '목(나무), 화(불), 토(흙), 금(쇠), 수(물)'를 오행이라고 하였다. 여기에 다섯 가지 색을 대입하면 오색, 다섯 가지 맛을 대입하면 오미, 다섯 가지 곡식을 대입하면 오곡, 다섯 가지 감각을 대입하면 오감, 몸속의 다섯 가지 장기를 대입하면 오장이 되는 식이다.

QUIZ 다음 중 '다섯 오'가 쓰이지 않은 단어를 찾아 동그라미를 치세요.

오선지	오륜기	오작교	오행	오목	오색

오늘 배울 국어 **속** 한자

六은 숫자 6, '여섯'을 뜻하는 한자입니다.

우리 속담 중에 '오뉴월 감기는 개도 아니 걸린다'라는 표현이 있습니다. 이때 '오뉴월'은 언제를 가리키는 걸까요? 오월과 유월, 즉 음력으로 5월과 6월을 가리키지요. 양력으로는 7월과 8월로, 한창 더운 때인 한여름을 말합니다. 본래는 '오륙월'이지만 소리 나는 대로 쉽게 발음하다 보니 '오뉴월'로 표기하게 된 것이지요.

여섯 **륙(육)**

부수 八 | 총 4획

한자 따라 쓰기 1 순서에 맞게 다음 한자를 써 보세요.

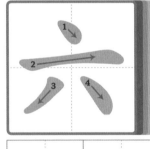

六 六 六 六

六	六				

한자 구별하기 2 다음 중 '여섯 륙'을 찾아 동그라미를 치세요.

火　六　八　木　亢　大

✔ 한 해 중 여섯 번째 달을 이르는 말은?

	월

✔ 한 달 중 여섯 번째 날을 이르는 말은?

	일

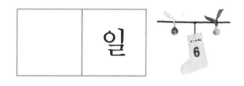

✔ 여섯 개의 꼭짓점이 있고 여섯 개의 선분으로 둘러싸인 평면 도형을 이르는 말은?

	각	형

✔ 합동인 정사각형 여섯 개로 이루어진 입체도형을 이르는 말은?

정		면	체

한자 연결하기 4 각 뜻풀이를 읽고 알맞은 단어를 찾아 바르게 연결해 보세요.

지구의 **여섯** 대륙 • • 六대주

기사를 쓸 때 지켜야 할 6가지 원칙, '누가, 언제, 어디서, 무엇을, 어떻게, 왜' • • 六감

오감 이외의 **여섯** 번째 감각, 직관적이고 예민한 감각 • • 六하원칙

세조 때 단종 복위를 꾀하다 사형당한 **여섯** 신하 • • 생六신

세조가 단종의 왕위를 빼앗자 벼슬을 버림으로써 절개를 지킨 **여섯** 신하 • • 六각정

지붕을 **여섯** 모가 지도록 지은 정자 • • 사六신

국어 ⇨ 한자 찾기 5 다음 글을 읽고 '여섯 륙'이 들어간 우리말에 동그라미를 치세요.

단종은 1452년 6월, 열한 살의 나이로 즉위했지만 숙부인 수양대군에게 왕위를 빼앗겼다. 김시습·원호·이맹전·조려·성담수·남효온은 벼슬을 버리고 절개를 지켰다. 이들이 생육신이다.
1456년 음력 6월에는 성삼문·박팽년·하위지·이개·유응부·유성원이 단종의 복위를 꾀하다가 처벌되었다. 이들이 사육신이다.

QUIZ 다음 중 '여섯 륙'이 쓰이지 않은 단어를 찾아 동그라미를 치세요.

육하원칙	정육면체	육감	육각정	육각형	체육

오늘 배울 국어 속 한자

七은 숫자 7, '일곱'을 뜻하는 한자입니다.

아기는 보통 엄마 뱃속에서 열 달을 채우고 태어납니다. 그렇지 못하고 일찍 태어난 아이를 '미숙아'라고 하는데, 특히 자궁에서 다 자라지 못한 상태로 일곱 달 만에 태어난 아기를 '七삭둥이'라고도 하지요. 의학이 발달하지 않은 옛날에는 칠삭둥이가 허약하거나 다소 발달이 늦다는 선입견이 있었지만 의술이 발달한 현대에는 정상적으로 건강하게 성장하는 경우가 더 많답니다.

일곱 **칠**
부수 一 | 총 2획

한자 따라 쓰기 *1* 순서에 맞게 다음 한자를 써 보세요.

七 七

한자 구별하기 *2* 다음 중 '일곱 칠'을 찾아 동그라미를 치세요.

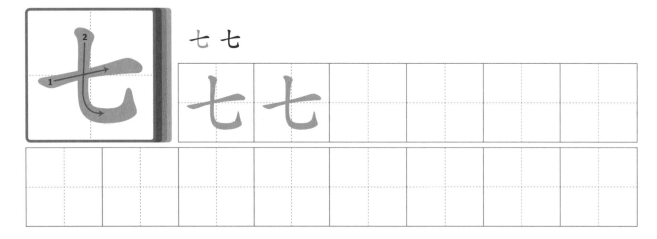

万　丁　九　七　十　匕

✔ 한 해 중 일곱 번째 달을 이르는 말은?

	월	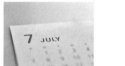

✔ 한 달 중 일곱 번째 날을 이르는 말은?

	일	

✔ 북쪽 하늘에 국자 모양을 이룬 일곱 개의 별을 이르는 말은?

북	두		성

✔ 사람의 일곱 가지 감정으로 기쁨, 노여움, 슬픔, 즐거움, 욕심, 사랑, 미움을 뜻하는 말은?

	정	

한 줄이 **일곱** 자로 된 한시 •   • 삼七일

아이가 태어난 후 21일 되는 날, •   • 오七일
3 x **7**일

사람이 죽은 뒤 35일 되는 날, •   • 七언시
5 x **7**일

음력 **7**월 **7**일 밤, •   • 육七월
견우와 직녀가 만난다는 날

유월과 **칠**월 •   • 七현금

일곱 줄로 만든 거문고 •   • 七월七석

동양에서 7은 북두칠성 별의 수라는 의미에서 중시되었다. 그리고 해와 달에 목·화·토·금·수 오행의 별을 합한 7일도 중요하게 생각했다. 삼칠일, 오칠일은 7일 씩 세 번, 다섯 번이라는 의미에서 중요한 기간으로 인식되었다. 견우와 직녀가 1년에 한 번 만난다는 칠월칠석은 7이 두 번 들어가는 날이기도 하다. 이처럼 동양에서 숫자 7은 중요한 의미를 지녔다.

QUIZ 다음 중 '일곱 칠'이 쓰이지 않은 단어를 찾아 동그라미를 치세요.

며칠	육칠월	북두칠성	칠일	칠월칠석	칠월

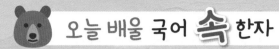
🐻 오늘 배울 **국어 속** 한자

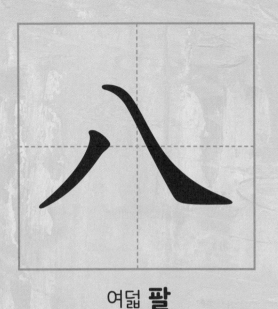

여덟 **팔**

부수 八 | 총 2획

八은 숫자 8, '여덟'을 뜻하는 한자입니다.

'사방八방'은 '모든 방향, 모든 방면'을 뜻하는 말입니다. '사방'은 '동서남북'을 총칭하고 '八방'은 동서남북을 비롯해 '동북, 동남, 서북, 서남'까지 포함시킨 여덟 방위를 말하지요. '八방미인'이라는 표현에도 '八방'이 쓰입니다. '八방'이 모든 방향을 다 아우르듯 '여러 방면의 일에 능통한 사람'을 가리키지요.

한자 따라 쓰기 **1** 순서에 맞게 다음 한자를 써 보세요.

八 八

八 八

한자 구별하기 **2** 다음 중 '여덟 팔'을 찾아 동그라미를 치세요.

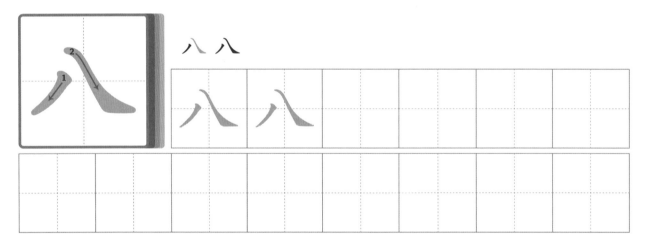

ム 人 乄 入 八 乂

✔ 위도가 38도인 선을 뜻하는 말은?

삼		선

✔ 지붕을 여덟모가 지도록 지은 정자를 이르는 말은?

	각	정

✔ 서유기에 나오는 주인공 중 돼지를 이르는 말은?

저		계

✔ 입가의 양옆에 '八'자 모양으로 생긴 주름을 이르는 말은?

	자	주	름

음력 4월 **8**일, 석가모니 탄생일 •   • 사방八방

조선 시대에 정한 **여덟** 개 행정 구역 •   • 八도

사방과 그 사이를 포함하는 **여덟** 방향, 모든 방향과 모든 방면 •   • 초八일

16세 전후, 2곱하기 **8** •   • 십중八구

인쇄하는 판의 수가 **8**만이 넘는다는 불교 경전 •   • 이八청춘

열 가운데 **여덟**이나 아홉 정도, 대부분, 틀림없음 •   • 八만대장경

방랑시인 김삿갓은 조선 팔도를 돌아다니며 많은 한시를 썼다. 그의 시는 십중팔구 못난 양반을 조롱하고 백성의 애환을 노래한 것이다. 사방팔방 다니며 수많은 일화를 남긴 김삿갓의 본명은 김병연이다. 강원도 영월 봉래산 팔각정에 오르면 김삿갓이 바라보며 한시를 지었던 풍경을 그대로 감상할 수 있다.

QUIZ 다음 중 '여덟 팔'이 쓰이지 않은 단어를 찾아 동그라미를 치세요.

저팔계   이팔청춘   팔찌   팔만대장경   팔자주름   십중팔구

 오늘 배울 국어 **속** 한자

九는 숫자 9, '아홉'을 뜻하지만 '많은 수', '많다'라는 뜻으로도 쓰입니다.

태권도나 바둑에 최고 단수는 '九단'입니다. 전설에 등장하는 상상의 동물인 '九미호'도 '꼬리가 아홉 개 달린 신령한 여우'를 말하지요. 지리산 둘레길에서 만날 수 있는 '九룡폭포'의 '九룡'도 신령한 동물인 용 아홉 마리를 뜻합니다.

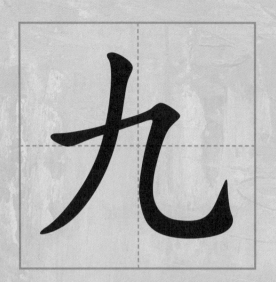

아홉 구

부수 乙 | 총 2획

한자 따라 쓰기 **1** 순서에 맞게 다음 한자를 써 보세요.

九 九

九	九				

한자 구별하기 **2** 다음 중 '아홉 구'를 찾아 동그라미를 치세요.

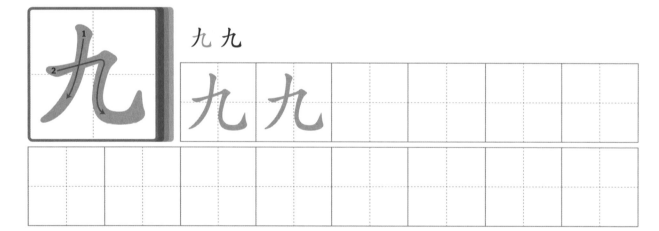

力　九　刀　丸　乃　几

한자 완성하기 3 각 질문을 읽고 알맞은 한자를 써넣어 단어를 완성해 보세요.

✔ 한 해 중 아홉 번째 달을 이르는 말은?

	월

✔ 한 달 중 아홉 번째 날을 이르는 말은?

	일

✔ 처음에는 구멍이 9개였지만, 나중에 연소가 잘 되도록 구멍을 더 낸 연탄을 이르는 말은?

	공	탄

✔ 사람의 말을 잘 흉내 내는 검은 새를 이르는 말은?

	관	조

한자 연결하기 4 각 뜻풀이를 읽고 알맞은 단어를 찾아 바르게 연결해 보세요.

꼬리가 **아홉** 개 달린 여우, 교활한 여자를 비유하는 말 • • 九절판

아홉 칸으로 된 반찬 그릇에 담은 음식 • • 九九단

1에서 9까지의 두 수를 곱한 9×9 곱셈표 • • 九미호

구만리, 아득하게 먼 거리 • • 九층탑

음력 9월 9일, 중양절 • • 九九절

9층으로 쌓은 탑 • • 九만리

국어 속 한자 찾기 5 다음 글을 읽고 '아홉 구'가 들어간 우리말에 동그라미를 치세요.

1월 1일은 설, 3월 3일은 삼짓날, 5월 5일은 단오, 7월 7일은 칠석, 9월 9일은 구구절 또는 중양절이다. 옛날 사람들은 짝수는 음, 홀수는 양으로 여겼는데 홀수로 겹친 날을 특별하게 지낸 것이다. 특히 구구절 또는 중양절은 홀수 중 제일 큰 수 9가 겹친 날이라고 하여 설, 추석만큼이나 중요하게 생각했다.

QUIZ 다음 중 '아홉 구'가 쓰이지 않은 단어를 찾아 동그라미를 치세요.

구미호   구만리   구관조   구층탑   구구단   입구

오늘 배울 국어 **속** 한자

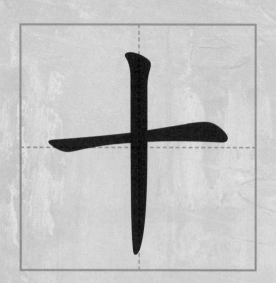

열 **십**

부수 十 | 총 2획

十은 숫자 10, '열'을 뜻하는 한자입니다.

'열 **십**'에서 '열'은 10번째의 순서를 뜻하는 순우리말이고, '십'은 한자의 음이지요. 이처럼 수를 가리키는 말은 단위를 나타내는 말과 함께 쓰이면 고유어와 한자어를 섞어 쓰는 경우가 많습니다. 예를 들어 10시 10분은 '십시 십분'이라고 읽지 않고 '열시 십분'이라고 읽습니다. '시'는 고유어와, '분'은 한자어와 어울려 쓰이지요. '십일', '십간', '십 리'처럼 한자어와 어울려 쓰이는 단위와 '열 살', '열 개', '열 명'처럼 고유어와 함께 쓰이는 단위가 따로 있답니다.

한자 따라 쓰기 *1* 순서에 맞게 다음 한자를 써 보세요.

한자 구별하기 *2* 다음 중 '열 십'을 찾아 동그라미를 치세요.

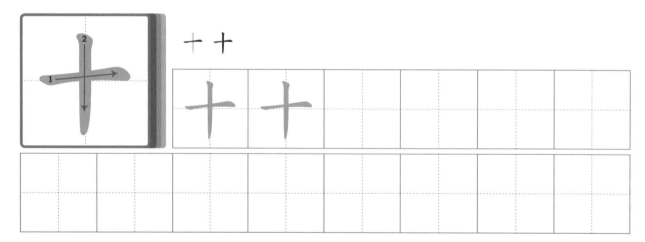

✔ 한 해 열두 달 가운데 열째 달을 이르는 말은?

	월

✔ 서양에서 죄인을 처벌하던 '十'자 모양의 형틀을 이르는 말은?

	자	가

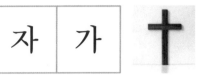

✔ 실을 '十'자 모양으로 엇갈리게 놓는 수를 이르는 말은?

	자	수

✔ 적십자사의 상징으로 흰 바탕에 붉은색으로 그린 십자형을 이르는 말은?

적		자

한자 연결하기 4 각 뜻풀이를 읽고 알맞은 단어를 찾아 바르게 연결해 보세요.

열 개의 천간, 갑 · 을 · 병 · 정 · 무 · 기 · 경 · 신 · 임 · 계 •   • 十장생

열 숟가락 밥이 한 그릇이 됨, 여러 사람이 조금씩 힘을 합해 한 사람을 도움 •   • 十시일반

오래 살고 죽지 않는다는 **열** 가지 •   • 十간

열 살부터 **열**아홉 살까지의 사람 •   • 수十

열 가운데 여덟이나 아홉, 거의 대부분 •   • 十중팔구

십의 여러 배가 되는 수 •   • 十 대

국어 속 한자 찾기 5 다음 글을 읽고 '열 십'이 들어간 우리말에 동그라미를 치세요.

앙리 뒤낭의 제안에 따라 1864년 10월, 스위스 제네바에서 적십자 조약이 체결되었다. 사업이 어려워지고 친척들에게 요청한 십시일반의 도움도 거절된 상태에서, 뒤낭은 전쟁 부상자 구호 활동에 여전히 힘썼다. 십 대 때부터 보아온 부모님의 봉사 활동하는 모습에서 받은 영향이 컸다. 그는 전시의 부상자 구호를 위한 중립적 민간 국제기구 창설의 공로로 제1회 노벨평화상을 수상했다.

QUIZ 다음 중 '열 십'이 쓰이지 않은 단어를 찾아 동그라미를 치세요.

| 십자가 | 십중팔구 | 십자수 | 십장생 | 리더십 | 적십자 |

오늘 배울 국어 **속** 한자

일만 만

부수 ⁺⁺(艸) ǀ 총 13획

萬은 숫자 10,000, '만'을 뜻하는 한자입니다.

'萬'은 천의 열 배인 매우 큰 수이므로 '온갖', '모든', '(매우) 많은'을 뜻하기도 합니다.

'잔뜩 찌푸린 얼굴'을 가리키는 '오萬상'이라는 표현에도 萬이 들어갑니다. 왜일까요? '오萬'은 '매우 많은 수량 또는 종류'를 나타냅니다. 우리는 어떤 표정을 지어 보일 때 다양한 얼굴 근육을 사용하지요. 찌푸린 표정은 특히나 얼굴의 근육을 있는 대로 일그러뜨려 만들어 낸다고 해서 붙여진 말이랍니다.

한자 따라 쓰기 1 순서에 맞게 다음 한자를 써 보세요.

萬 萬 萬 萬 萬 萬 萬 萬 萬 萬 萬 萬 萬

萬	萬					

한자 구별하기 2 다음 중 '일만 만'을 찾아 동그라미를 치세요.

禺 漣 潣 萬 寓 禹

✔ 두 손을 번쩍 들며 환호하는 소리를 뜻하는 말은?

	세

✔ 모든 사람을 뜻하는 말은?

	인

✔ 잉크를 넣어 쓰는 필기구로, 오래 쓸 수 있는 붓을
뜻하는 말은?

	년	필

✔ 여러 나라의 국기를 뜻하는 말은?

	국	기

만에 하나 있을지 모를 • • 萬병

온갖 질병 • • 萬능

모든 일에 능함 • • 萬일

세상에 있는 **모든** 것 • • 萬물

많은 일, **온갖** 일 • • 萬우절

가벼운 거짓말로 서로 속이면서
모두 바보가 되는 날 • • 萬사

만일 나무에서 스파게티가 열린다면? BBC는 1957년에 스위스에 있는 나무에서 스파게티를 수확하는 장면을 방송으로 보여주었다. 많은 사람들이 BBC에 전화를 걸어 이 만능 나무의 재배법을 알고 싶어 했다. 하지만 이것은 BBC가 해마다 해온 만우절 장난 방송이었다.

QUIZ 다음 중 '일만 만'이 쓰이지 않은 단어를 찾아 동그라미를 치세요.

만족	만세	만병	만년필	만물	만국기

1 〈보기〉에서 각 빈칸에 알맞은 한자와 뜻을 찾아 써 보세요.

보기

生 | 四 | 八 | 萬 | 校 | 年 | 七 | 室 | 先 | 九

문 문 | 두 이 | 석 삼 | 여섯 륙 | 한 일 | 배울 학 | 가르칠 교 | 다섯 오 | 열 십 | 마디 촌

教	學			門	寸	一
	집 실		학교 교	먼저 선	날 생	해 년		

二	三	五	六			十
	넉 사			일곱 칠	여덟 팔	아홉 구		일만 만

2 각 한자의 틀린 부분을 찾아 바르게 고쳐 써 보세요.

敎	室	學	校	先	生	門	午	寸	十
가르칠 교	집 실	배울 학	학교 교	먼저 선	날 생	문 문	해 년	마디 촌	한 일

一	二	四	五	六	ㄴ	ㄱ	ㄱ	一	禺
두 이	석 삼	넉 사	다섯 오	여섯 륙	일곱 칠	여덟 팔	아홉 구	열 십	일만 만

3 각 빈칸에 알맞은 한자와 뜻을 써 보세요.

	室		校	先	生		年		
가르칠 교		배울 학				문 문		마디 촌	한 일

		四			七	八	九		萬
두 이	석 삼		다섯 오	여섯 륙				열 십	

[4~5] 다음 글을 읽고 문제에 답하세요.

　　조선 시대 서당은 지금의 초등학교에 해당한다. 지금은 1학년~6학년까지 ❶ **학년**이 구분되고, 여러 과목을 배우지만, 서당에서는 보통 ㉠ **일곱** 살이나 ㉡ **여덟** 살 때부터 함께 모여 〈천자문〉, 〈동몽선습〉, 〈명심보감〉, 〈소학〉 등을 읽으며 한자와 한문을 배웠다.

　　서당의 ❷ **선생**님은 훈장님이고, ❸ **학생**은 학동이라고 했다. 대부분 규모가 크지 않아 ❹ **교실**은 하나 또는 ㉢ **둘** 정도였다. 요즘에 초등학교를 마치면 중학교, 고등학교에 진학하듯이 조선 시대에는 마을 서당을 마치면 서울에 있는 4부 학당이나 지방의 향교에서 계속 교육을 받았다.

　　교육은 누구나 받을 수 있었지만 주로 양반집 자식들이 계속 공부를 할 수 있었을 뿐 먹고살기 힘든 상민의 자식이 ❺ **학교**에 계속 다니는 경우는 드물었다.

4 글 중 ❶ ～ ❺에 해당하는 우리말을 한자로 써 보세요.

❶ _____　　❷ _____　　❸ _____　　❹ _____　　❺ _____

5 다음 중 ㉠ – ㉡ – ㉢의 뜻을 가진 한자를 골라 보세요.

① 三 - 八 - 八　　② 四 - 八 - 三　　③ 七 - 八 - 二　　④ 九 - 八 - 四

오늘 배울 국어 **속** 한자

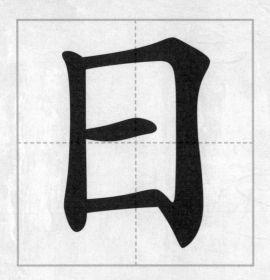

날 일

부수 日 l 총 4획

日은 '해', '날', '하루'를 뜻하는 한자입니다.

'일요일'은 '일주일'에 속하지만 두 단어의 '일' 중 한 가지 글자만 다릅니다. 어떤 '일'자일까요?
'일주일'은 '한 주일'을 가리키는 말이니 맨 앞에 '일'은 '하나' 라는 뜻을 가진 '一'이 쓰였고 나머지는 모두 '날, 해'라는 뜻 의 '日'이 쓰였답니다.

한자 따라 쓰기 **1** 순서에 맞게 다음 한자를 써 보세요.

日 日 日 日

한자 구별하기 **2** 다음 중 '날 일'을 찾아 동그라미를 치세요.

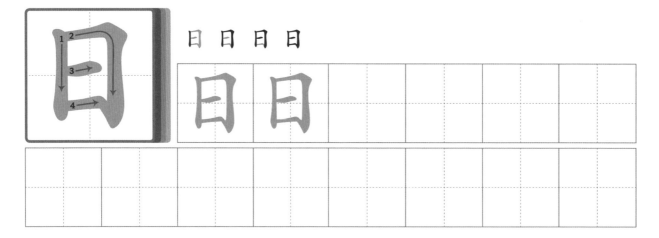

月　日　曰　目　自　旦

✔ 일요일 다음날로 한 주가 시작되는 날을 이르는 말은?

| 월 | 요 | |

✔ 한 주일 또는 칠 일을 이르는 말은?

| 일 | 주 | |

✔ 해마다 태어난 날을 기념하는 날을 뜻하는 말은?

| 생 | |

✔ 아시아 동쪽 끝 섬나라로 수도가 도쿄인 나라를 이르는 말은?

| | 본 |

날마다 반복되는 생활 •   • 휴日

하루하루마다, 모든 날마다 •   • 日상

일을 하지 않고 쉬는 날 •   • 매日

바로 그날 •   • 日시

날마다 겪은 일을 적은 글 •   • 당日

날짜와 시간 •   • 日기

일주일의 시작은 일요일일까? 월요일일까? 달력을 보면 일요일이 시작인 것 같지만 국어사전에는 월요일을 '한 주의 시작이 되는 날', 일요일은 '한 주의 마지막 날'이라고 설명하고 있다. 이는 나라마다 다른데 일본은 일요일을 한 주의 시작으로 삼는다고 한다.

QUIZ 다음 중 '날 일'이 쓰이지 않은 단어를 찾아 동그라미를 치세요.

| 일상 | 일찍 | 휴일 | 생일 | 일기 | 당일 |

오늘 배울 국어 **속** 한자

月은 밤하늘에 떠 있는 '달'을 뜻하기도 하고, '한 달, 두 달'에서처럼 '1개월'의 기간을 뜻하기도 합니다.

시계나 달력이 없었던 시절의 옛사람들은 해와 달을 보고 시간을 셈하곤 했지요. 그래서 달의 모양이 같아질 때까지의 일정 기간을 '달'이라고 칭했습니다. 가령 이번 보름달이 뜬 날로부터 다음 보름달이 뜰 때까지의 기간을 대략 '한 달'이라고 생각한 것이지요.

달 **월**

부수 月 | 총 4획

한자 따라 쓰기 *1* 순서에 맞게 다음 한자를 써 보세요.

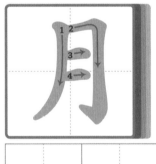

月 月 月 月

月	月						

한자 구별하기 *2* 다음 중 '달 월'을 찾아 동그라미를 치세요.

月　　丹　　有　　月　　目　　日

✔ 다달이, 매달을 뜻하는 말은?

매	

✔ 우리나라에서 한 주가 시작되는 날을 이르는 말은?

요	일

✔ 일하고 한 달마다 받는 돈을 이르는 말은?

	급

✔ 달이 지평선 위로 떠오르는 것을 이르는 말은?

	출

한자 연결하기 **4** 각 뜻풀이를 읽고 알맞은 단어를 찾아 바르게 연결해 보세요.

한 해와 한 **달**, 흘러가는 시간 • • **月**차

한 **달**에 한 번씩 출간하는
인쇄물 • • **月**간

달마다 하는 차례,
한 **달**에 한 번씩 주어지는 휴가 • • 세**月**

그**달**의 처음 무렵 • • **月**초

달을 세는 단위 • • 개**月**

그**달**의 끝 무렵 • • **月**말

국어 ⇦ 한자 찾기 **5** 다음 글을 읽고 '달 월'이 들어간 우리말에 동그라미를 치세요.

옛 선조들은 해와 달을 관찰하여 시간 개념을 만들었다. 하루는 해가 뜨고 지는 기간이고, 한 달은 달이 같은 모양이 되기까지의 기간이고, 한 해는 같은 계절, 이를테면 금년 봄에서 내년 봄까지의 기간을 말한다. 월요일부터 일요일까지는 일주일이고, 월초부터 월말까지는 1개월이다. 세월은 '한 해와 한 달'이라는 시간 개념으로 '흘러가는 시간'을 나타낸 것이다.

QUIZ 다음 중 '달 월'이 쓰이지 않은 단어를 찾아 동그라미를 치세요.

월차	월간	월급	월출	탁월	매월

🐻 오늘 배울 **국어 속 한자**

불 화

부수 火 | 총 4획

火가 들어간 단어는 '불'과 관련된 뜻을 나타냅니다.

　한의학에서 말하는 '火병'도 말 그대로 '불이 나는 병'을 뜻하지요. 이 병은 '火상'처럼 눈에 보이는 질병이 아니라 눈에 보이지 않는 마음에 불이 난 상태를 나타냅니다. 스트레스가 쌓이다 보면 가슴이 답답한 느낌이 들지요? 이 답답한 감정이 화병의 대표적인 증상입니다. 우리가 자주 쓰는 '火 나다'라는 말도 '성이 나서 답답한 감정이 생긴 상태'를 가리킨답니다.

한자 따라 쓰기 1 　순서에 맞게 다음 한자를 써 보세요.

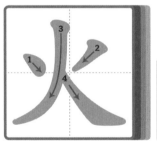

火 火 火 火

火	火					

한자 구별하기 2 　다음 중 '불 화'를 찾아 동그라미를 치세요.

犬　灭　人　八　火　丈

✔ 화염 등에 데여 피부가 손상되는 것을 뜻하는 말은?

	상

✔ 집이나 물건이 불에 타는 재난 사고를 뜻하는 말은?

	재

✔ 땅속 마그마가 분출하는 산을 뜻하는 말은?

	산

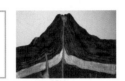

✔ 한 주의 시작을 월요일로 할 때 일주일 중 두 번째 요일을 이르는 말은?

	요	일

한자 연결하기 **4** 각 뜻풀이를 읽고 알맞은 단어를 찾아 바르게 연결해 보세요.

불이 탈 때 내는 열의 힘 • • 점火

불을 뿜은 산에서 분출된 용암 부스러기 • • 火력

불을 붙이거나 켬 • • 火산재

불이 난 것을 끔 • • 방火

일부러 불을 지름 • • 분火구

화산이 터져 화산성 물질, 불 따위의 분출물이 방출되는 구멍 • • 진火

국어 속 한자 찾기 **5** 다음 글을 읽고 '불 화'가 들어간 우리말에 동그라미를 치세요.

2018년 3월 6일 화요일 오후 2시 27분, 일본 규슈 지역 신모에다케에서 폭발적 분화가 발생했다. 이 번 화산 폭발로 연기가 2,100m까지 치솟았으며, 수많은 화산재가 발생했다. 일본 기상청은 분화구 에서 3km 범위 내 거주민들에게 화산 피해를 경계하라고 당부했다.

QUIZ 다음 중 '불 화'가 쓰이지 않은 단어를 찾아 동그라미를 치세요.

화력   화상   화해   진화   화재   화요일

 오늘 배울 **국어 속 한자**

물 수

부수 水 | 총 4획

水가 들어간 단어는 '물'과 관련된 뜻을 나타냅니다.

서울시 수돗물은 '아리水'라고 불립니다. 왜 이런 명칭이 붙은 걸까요? '아리水'는 본래 삼국시대 때 '한강'을 가리키던 옛 이름으로, '아리'는 '(깨끗하고) 큰'이라는 뜻의 순우리말 입니다. 한강물을 끌어다 정수 처리해 공급하는 수돗물이니 '아리水'라는 이름을 붙인 것이지요.

한자 따라 쓰기 1 순서에 맞게 다음 한자를 써 보세요.

水 水 水 水

水	水				

한자 구별하기 2 다음 중 '물 수'를 찾아 동그라미를 치세요.

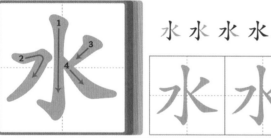

乐　小　永　氷　水　氺

✔ 물에서 헤엄치는 일을 뜻하는 말은?

	영

✔ 바닷물을 이르는 말은?

해	

✔ 물을 깨끗하게 하는 기구를 뜻하는 말은?

정		기

✔ 물길이라는 뜻으로, 수돗물을 쓸 수 있도록 만든 시설을 이르는 말은?

	도

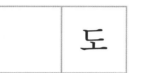

한자 연결하기 4 각 뜻풀이를 읽고 알맞은 단어를 찾아 바르게 연결해 보세요.

비가 많이 와서 크게 불어난 **물** •   • 홍**水**

먹을 수 있는 **물** •   • 잠**水**

물속으로 잠겨 들어감 •   • 식**水**

물이 끓을 때 증발해서
나오는 기체 •   • **水**해

물의 축축한 기운, **물**기 •   • **水**증기

장마나 홍수 등 **물**로 인한 피해 •   • **水**분

국어 속 한자 찾기 5 다음 글을 읽고 '물 수'가 들어간 우리말에 동그라미를 치세요.

물은 우리 생활에 없어서는 안 되는 것이지만, 때로는 우리에게 피해를 주기도 한다. 수도에 정수기를 달아 식수로 마시고 해수욕장에서 수영을 할 수 있어 유익하지만, 비가 너무 많이 와서 홍수가 나면 수해로 많은 사람들의 생활이 힘들어지기도 한다.

QUIZ

다음 중 '물 수'가 쓰이지 않은 단어를 찾아 동그라미를 치세요.

식수	잠수	선수	수증기	정수기	수분

오늘 배울 국어 속 한자

나무 목

부수 木 Ι 총 4획

木이 들어간 단어는 '나무'와 관련된 뜻을 나타냅니다.

'나무 **목**'이 쓰인 '木요일'은 '나무의 날', '木성'은 '나무의 별'이라는 뜻일까요? 아닙니다. 예로부터 우리 선조들은 '해, 달, 불, 물, 나무, 쇠, 흙'을 우주 만물의 근원으로 여겼습니다. 그래서 일주일의 각 날이나 태양계의 행성을 가리키는 말을 만들 때도 이러한 뜻을 지닌 한자를 썼던 거지요. 따라서 목요일과 목성은 사실 '나무'와는 아무런 상관이 없답니다.

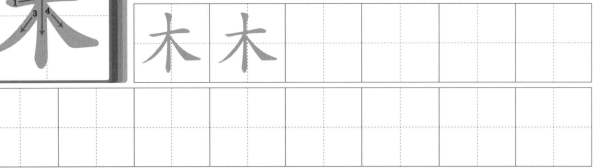

한자 따라 쓰기 ❶ 순서에 맞게 다음 한자를 써 보세요.

木 木 木 木

木	木					

한자 구별하기 ❷ 다음 중 '나무 목'을 찾아 동그라미를 치세요.

末　未　本　朩　木　大

✔ 나무로 만든 말을 뜻하는 말은?

 마

✔ 나무를 다루는 기술자를 뜻하는 말은?

 수

✔ 모서리를 각지게 깎은 나무를 뜻하는 말은?

각

✔ 나무를 심는 날을 뜻하는 말은?

식 일

나무로 된 재료 •	• 초木
풀과 나무 •	• 木재
나무로 만든 그릇 •	• 木기

나무를 베어 냄 •	• 고木
큰 나무, 큰 인물을 비유하는 말 •	• 벌木
말라서 죽은 나무 •	• 거木

그리스 군이 트로이 성을 공격하며 시작된 전쟁은 10년이 지나도 끝나지 않았다. 그리스 군은 목수를 시켜 커다란 목마를 만들어 놓고 그리스로 돌아갔다. 트로이 군은 전쟁에서 이겼다고 환호하며 목마를 성으로 들여왔다. 하지만 그 목마 안에는 그리스 병사들이 숨어있었다. 결국 트로이 성은 그리스 군의 계략에 속아 함락되었다.

QUIZ 다음 중 '나무 목'이 쓰이지 않은 단어를 찾아 동그라미를 치세요.

목재	목숨	벌목	각목	거목	식목일

 오늘 배울 **국어 속 한자**

金은 뜻에 따라 두 가지로 발음됩니다. '쇠', '금', '돈'을 뜻할 때는 '**금**'으로 읽고, '성씨'를 가리킬 때는 '**김**'으로 읽지요.

운동 경기나 대회 등에서 우승자에게 수여하는 '金메달'은 진짜 금으로 만들었을까요? 사실 금메달은 금색으로 색을 입힌 것이랍니다. 올림픽 금메달도 은에 금을 얇게 입힌 메달이지요. 이와 달리 노벨상 수상자에게 수여되는 금메달은 '순金'으로 만든 것이라고 합니다.

쇠 금, 성씨 김

부수 金 ㅣ 총 8획

한자 따라 쓰기 **1** 순서에 맞게 다음 한자를 써 보세요.

金 金 金 金 金 金 金 金

金	金				

한자 구별하기 **2** 다음 중 '쇠 금, 성씨 김'을 찾아 동그라미를 치세요.

仝　　숖　　仺　　金　　仝　　合

✓ 기부금이나 성금을 모으는 것을 뜻하는 말은?

모	

✓ 돈을 모아 둘 수 있게 만든 통을 뜻하는 말은?

저		통

✓ 누런빛의 순금을 뜻하는 말은?

황	

✓ 백범일지를 쓴 독립 운동가는?

	구

한자 연결하기 4 각 뜻풀이를 읽고 알맞은 단어를 찾아 바르게 연결해 보세요.

은행에서 **돈**을 꺼냄　　　•　　　• 송**金**

타인에게 **돈**을 부쳐 보냄　　•　　　• 입**金**

은행에 **돈**을 넣음　　　　•　　　• 출**金**

죄지은 사람이 벌로 내는 **돈**　•　　　• **金**씨

계약에 따라
은행에 **돈**을 맡김　　　　•　　　• 예**金**

성씨가 **김**인 사람　　　　•　　　• 벌**金**

국어 ⇨ 한자 찾기 5 다음 글을 읽고 '쇠 금, 성씨 김'이 들어간 우리말에 동그라미를 치세요.

'저금통' 하면 떠오르는 것은? 바로 돼지 저금통일 것이다. 고대에도 도자기로 만든 돼지 저금통이 있었을 정도로 역사가 깊다. 요즘엔 입금과 출금, 송금도 인터넷으로 할 수 있어서 은행에 가는 일이 줄었지만, 예전에는 돼지 저금통에 동전이 다 차면 은행에 가져가 예금하는 일이 많았다.

QUIZ

다음 중 '쇠 금, 성씨 김'이 쓰이지 않은 단어를 찾아 동그라미를 치세요.

| 벌금 | 모금 | 입금 | 김씨 | 금지 | 황금 |

27일차

8급
중학교 필수

흙 **토**

부수 土 | 총 3획

🐻 오늘 배울 국어 **속** 한자

土가 들어간 단어는 주로 '흙', '땅', '지방'과 관련된 뜻을 나타냅니다.

'土목 공사'에는 왜 '흙 **토**'가 들어갈까요? '土목 공사'는 모든 공사의 기초인 땅이나 흙을 용도에 맞게 다지는 공사이기 때문입니다. 기초가 잘 다져져야 흙과 목재(토목), 시멘트 등을 이용해 도로를 닦고, 교량을 만들고, 철도를 놓는 등 다양한 구조물들을 안전하게 건설하고 유지할 수 있지요.

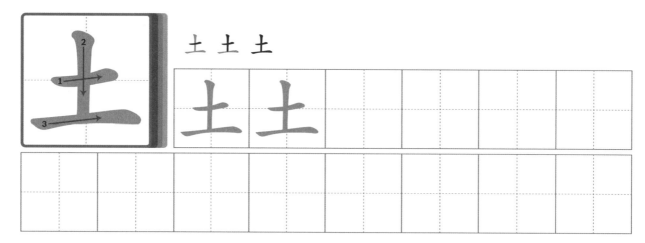

한자 따라 쓰기 *1* 순서에 맞게 다음 한자를 써 보세요.

土 土 土

土 土

한자 구별하기 *2* 다음 중 '흙 토'를 찾아 동그라미를 치세요.

上　圡　玊　工　士　土

✔ 붉은 빛을 띤 누르스름한 흙을 뜻하는 말은?

| 황 | |

✔ 흙을 빚어 만든 그릇을 뜻하는 말은?

| | 기 |

✔ 종이와 점토를 섞어 만든 공예 재료를 이르는 말은?

| 지 | 점 | |

✔ 경작지, 주거지 등으로 사람의 생활에 이용하는 땅을 뜻하는 말은?

| | 지 |

한 나라의 **땅** • • 초**土**화

불에 타서 못 쓰는 **땅**, 더는 못 쓰게 되는 상태 • • 국**土**

식물을 자라게 할 수 있는 **흙** • • **土**양

오랫동안 같은 **땅**에서 살아온 사람 • • **土**종

그 **지방**의 기후와 토지 상태 • • 풍**土**

원래 그 **지방**의 고유한 품종 • • **土**박이

토종은 우리나라에서만 나는 품종이고 외래종은 다른 나라에서 들어온 품종을 말한다. 최근 일부 외래종 식물이 토종식물과 섞이면서 우리 풍토와 토양에 맞는 식물들의 유전자가 변형되고 있다는 연구결과가 나왔다. 토종 유전자들이 초토화되어 없어지기 전에 외래종 관리 대책 마련이 시급하다.

QUIZ 다음 중 '흙 토'가 쓰이지 않은 단어를 찾아 동그라미를 치세요.

국토   토박이   황토   지점토   토론   초토화

오늘 배울 국어 속 한자

東은 해가 뜨는 방향인 '동쪽'을 가리키는 한자입니다.

'바다 동쪽에 있는 나라'라는 의미의 '해東', '동쪽에 사는 오랑캐'라는 의미의 '東이', '동쪽에 있는 나라'라는 의미의 '東국'은 모두 우리나라를 일컫는 옛말입니다. 왜 모두 '東'을 쓴 걸까요? 이들 명칭은 전부 중국에서 만들어진 표현입니다. 중국을 세상의 중심으로 보고 한국을 '동쪽에 있는 나라'라는 뜻으로 붙인 말이지요.

동녘 동

부수 木 | 총 8획

한자 따라 쓰기 **1** 순서에 맞게 다음 한자를 써 보세요.

東 東 東 東 東 東 東 東

東	東						

한자 구별하기 **2** 다음 중 '동녘 동'을 찾아 동그라미를 치세요.

菄　杳　凍　東　柬　杲

✔ 동쪽의 바다를 뜻하는 말은?

	해

✔ 동양 여러 나라에서 발달해 온 그림을 뜻하는 말은?

	양	화

✔ 서울 도성의 동쪽 성문을 뜻하는 말은?

	대	문

✔ 서울(광화문) 정동쪽의 동해 바닷가를 뜻하는 말은?

정		진

한자 연결하기 4 각 뜻풀이를 읽고 알맞은 단어를 찾아 바르게 연결해 보세요.

동쪽을 물으나 서쪽을 답함, 엉뚱한 대답 • • 東문서답

동쪽에서 불어오는 바람 • • 東해안

동쪽 바다를 따라 이어져있는 해안 • • 東풍

어떤 지역의 **동쪽** 부분 • • 東아시아

아시아의 **동쪽**에 있는 여러 나라 • • 東부

유럽의 **동쪽**에 있는 여러 나라 • • 東유럽

국어 ⇦ 한자 찾기 5 다음 글을 읽고 '동녘 동'이 들어간 우리말에 동그라미를 치세요.

부산에서 동해안을 따라 강원도 쪽으로 동해시와 정동진을 지나면 '하슬라'라는 이름을 가진 공원이 보인다. 강릉에서 버스로 20여 분, 정동진역에서도 30여 분 거리라 동해에 놀러 왔다 일부러 이곳을 찾는 사람이 많다고 한다. '하슬라'는 외국어인 것 같지만 실은 '해와 밝음'이라는 뜻을 가진 강릉의 옛 이름이다.

QUIZ 다음 중 '동녘 동'이 쓰이지 않은 단어를 찾아 동그라미를 치세요.

동문서답   동유럽   활동   동양화   동부   동대문

 오늘 배울 **국어 속 한자**

西는 해가 지는 방향인 '서쪽'을 가리키는 한자입니다. 아시아 전체를 일컫는 말인 '동양'과 구분하여 유럽과 미국 등 여러 나라를 포괄하는 '서양'을 나타낼 때 주로 쓰이지요.

'西양'은 '西양식'을 줄인 '양'으로 표기하는 경우가 많습니다. 그래서 서양식 옷은 '한복'의 상대어인 '양복', 서양식 식사는 '한식'의 상대어인 '양식'이라고 표현하지요. '양옥, 양변기, 양약' 등도 이와 마찬가지입니다.

서녘 서

부수 襾 | 총 6획

한자 따라 쓰기 **1** 순서에 맞게 다음 한자를 써 보세요.

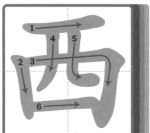

西 西 西 西 西 西

한자 구별하기 **2** 다음 중 '서녘 서'를 찾아 동그라미를 치세요.

四　西　囧　㢧　囚　兩

✔ 네 방위의 하나로, 해가 지는 쪽을 이르는 말은?

| | 쪽 | |

✔ 아메리카 대륙 서쪽에 있는 큰 바다를 이르는 말은?

| 대 | | 양 |  |

✔ 서양 사람을 뜻하는 말은?

| | 양 | 인 | |

✔ 손오공이 주인공인 중국 옛이야기를 이르는 말은?

| | 유 | 기 |  |

서**쪽**에 있는 바다 • • **西**유럽

유럽 서**쪽**에 있는 여러 나라 • • **西**해

어떤 지역의 서**쪽** 부분 • • **西**부

서양을 이루는 유럽과 북아메리카 • • 동**西**양

동양과 **서양**, 전 세계 • • **西**양화

서양에서 발달한 그림 • • **西**구

'손오공, 저팔계, 사오정'은 서양인들에게도 잘 알려진 16세기 중국 소설 『서유기』에 나오는 주인공들이다. 『서유기』는 중국 남서쪽에 있는 인도로 여행을 떠나는 이야기를 담고 있다. 우리가 잘 아는 '날아라 슈퍼보드', '드래곤볼' 등은 『서유기』를 바탕으로 만든 애니메이션이다.

QUIZ

다음 중 '서녘 서'가 쓰이지 않은 단어를 찾아 동그라미를 치세요.

서유럽   서양화   독서   대서양   동서양   서부

오늘 배울 국어 속 한자

南은 동서남북 네 방향 중 '남쪽'을 가리키는 한자입니다.

서울에 있는 '南산'은 '남쪽에 있는 산'을 뜻합니다. 그런데 서울시 지도를 보면 남산이 서울 한가운데에 자리하고 있습니다. 왜일까요? '南산'이라는 명칭이 생긴 조선 시대 때는 수도 서울(당시 '한양')이 지금보다 규모가 훨씬 작았기 때문에 남산은 지리상 서울 도성 남쪽에 위치해 있었던 것이지요.

남녘 남

부수 十 | 총 9획

한자 따라 쓰기 **1** 순서에 맞게 다음 한자를 써 보세요.

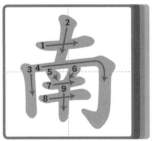

南 南 南 南 南 南 南 南 南

南	南							

한자 구별하기 **2** 다음 중 '남녘 남'을 찾아 동그라미를 치세요.

南　再　㒼　卉　㭇　冉

✔ 남쪽을 향해 있음을 뜻하는 말은?

	향

✔ 지구의 남쪽 끝을 뜻하는 말은?

	극

✔ 서울 도성의 남쪽 성문을 뜻하는 말은?

	대	문

✔ 조선 시대 수도 한양의 남쪽에 있던 산을 뜻하는 말은?

	산

한자 연결하기 4 각 뜻풀이를 읽고 알맞은 단어를 찾아 바르게 연결해 보세요.

남쪽에 있는 바다　　　　　　　•　　•南북통일

적도를 경계로 지구를 둘로
나누었을 때 남쪽 부분　　　　•　　•南반구

남과 북으로 갈라진
나라가 통일됨　　　　　　　•　　•南해

어떤 지역의 남쪽 부분　　　•　　•南부

남쪽과 북쪽의 전쟁　　　　•　　•南풍

남쪽에서 불어오는 바람　　•　　•南북전쟁

국어 ⇔ 한자 찾기 5 다음 글을 읽고 '남녘 남'이 들어간 우리말에 동그라미를 치세요.

1863년 1월, 링컨 대통령은 노예 해방을 선언했다. 남부 지방에 있는 노예에게 자유를 준 것이다.
노예제도를 유지하고 싶어 했던 남부 지방은 링컨이 대통령이 되던 해인 1861년에 노예제도 폐지를
주장하는 북부를 상대로 전쟁을 벌였다. 치열한 전투 끝에 1865년 4월 18일, 남부는 항복했고, 마침
내 남북전쟁은 끝이 났다.

QUIZ 다음 중 '남녘 남'이 쓰이지 않은 단어를 찾아 동그라미를 치세요.

남녀　　남북통일　　남해　　남극　　남풍　　남대문

북녘 **북**, 달아날 **배**

부수 匕 | 총 5획

🐻 오늘 배울 국어 **속** 한자

北은 뜻에 따라 두 가지로 발음됩니다. 방향을 나타내는 '북쪽'을 뜻할 때는 '**북**'이라고 읽고, '달아나다', '등지다'를 뜻할 때는 '**배**'라고 읽지요.

우리나라는 남과 북으로 갈라진 분단국가입니다. 우리나라에서는 휴전선 남쪽 지역을 '남한', 북쪽 지역을 '北한'이라고 부르지만, 북한에서는 각각 '남조선'과 '北조선'이라고 부른다고 합니다. 남한의 공식 명칭은 '대한민국', 북한의 공식 명칭은 '조선민주주의인민공화국'이라고 하지요.

한자 따라 쓰기 **1** 순서에 맞게 다음 한자를 써 보세요.

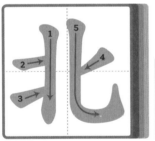

北 北 北 北 北

한자 구별하기 **2** 다음 중 '북녘 북, 달아날 배'를 찾아 동그라미를 치세요.

化　北　比　尤　兆　先

각 질문을 읽고 알맞은 한자를 써넣어 단어를 완성해 보세요.

✔ 북극 지방에 사는 곰을 뜻하는 말은?

	극	곰

✔ 북극 하늘에 있고 위치가 거의 변하지 않아 방향을 잡는 지침이 되는, 작은곰자리에서 가장 밝은 별을 이르는 말은?

	극	성

✔ 중국의 수도 베이징을 우리 한자음으로 읽은 이름은?

	경

✔ 대한민국 휴전선 북쪽 지역을 이르는 말은?

	한

각 뜻풀이를 읽고 알맞은 단어를 찾아 바르게 연결해 보세요.

남과 **북**, 남한과 **북한** • • **北**상

북쪽의 맨 끝 • • 남**北**

북쪽을 향해 올라감 • • 최**北**단

패하여 **달아남** • • 탈**北**민

북한에서 탈출하여 나온 사람 • • 대**北**

북한을 상대로 • • 패**北**

다음 글을 읽고 '북녘 북, 달아날 배'가 들어간 우리말에 동그라미를 치세요.

한국은 남북대화를 이어가면서 북한의 핵무기 문제를 평화롭게 해결하려고 노력하고 있다. 미국은 대북 경제 제재를 완화하고, 북한은 핵무기를 포기하고 글로벌 사회의 정상 국가로 탈바꿈하기 위해 노력하고 있다.

QUIZ

다음 중 '북녘 북, 달아날 배'가 쓰이지 않은 단어를 찾아 동그라미를 치세요.

대**북**   최**북**단   패**배**   정글**북**   탈**북**민   **북**극곰

오늘 배울 국어 **속** 한자

큰 대

부수 大 | 총 3획

大는 '크다'를 뜻하는 한자입니다.

자연에 의존하는 농사를 짓고 살았던 우리 선조들은 날씨에 민감했습니다. 그래서 1년을 24절기로 촘촘하게 나누어 계절을 구분하고 날씨의 변화에 대비하려 했지요. 이 24절기 중 음력 12월에 속한 마지막 절기가 바로 '큰 추위'를 뜻하는 '大한'입니다.

'더할 수 없을 정도로 많거나 크다'를 뜻하는 '막大하다'와 '큰 줄거리 또는 자세한 내용을 뺀 기본적인 부분'을 뜻하는 '大강'에도 '큰 대'가 쓰입니다.

한자 따라 쓰기 **1** 순서에 맞게 다음 한자를 써 보세요.

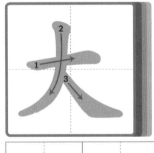

大 大 大

大	大					

한자 구별하기 **2** 다음 중 '큰 대'를 찾아 동그라미를 치세요.

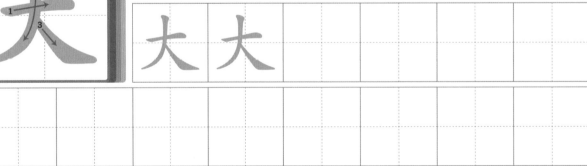

丈　㐱　久　犬　不　大

각 질문을 읽고 알맞은 한자를 써넣어 단어를 완성해 보세요.

✔ 사물의 크고 작음을 뜻하는 말은?

	소

✔ 우리나라 지명을 일컫는 공식 명칭은?

	한	민	국

✔ 최고의 지도자로서 한 나라를 대표하는 국가의 원수를 뜻하는 말은?

	통	령

✔ 우리나라 최고의 사법기관을 뜻하는 말은?

	법	원

각 뜻풀이를 읽고 알맞은 단어를 찾아 바르게 연결해 보세요.

수, 양, 정도 따위가 가장 **큼**   •   • **大**규모

엄청나게 **큼**   •   • 거**大**

넓고 **큰** 범위나 크기   •   • 최**大**

매우 중요하고 **큼**   •   • **大**륙

지역이 **넓고 큰**
인구가 많은 도시   •   • **大**도시

크고 넓은 땅   •   • 중**大**

다음 글을 읽고 '큰 대'가 들어간 우리말에 동그라미를 치세요.

대한민국은 국가의 권력이 한 곳에 집중되는 것을 최대한 막기 위해 삼권분립 원칙을 지킨다. 삼권이란 입법권, 사법권, 행정권이다. 입법기관인 국회는 법을 만들고, 사법기관인 대법원은 법의 집행을 관장한다. 하지만 실제로는 행정기관의 대표인 대통령이 가장 큰 영향력을 가진다.

QUIZ   다음 중 '큰 대'가 쓰이지 않은 단어를 찾아 동그라미를 치세요.

대륙	거대	최대	대통령	대규모	대표

 오늘 배울 국어 속 한자

中이 들어간 단어는 주로 '가운데', '중간', '사이'와 관련된 뜻을 나타내지만, '안', '속'을 의미할 때도 있습니다.

'먹는 中, 수리 中'처럼 동작이나 상태를 나타내는 말 뒤에 '中'이 쓰여 일정 시간 동안 동작이 진행되고 있음을 나타내지요.

'명中'은 화살이나 총알이 겨냥한 곳에 정확하게 맞을 때 쓰는 말입니다. 이때 中은 '맞다', '맞히다', '적중시키다'라는 동사로 쓰였답니다.

가운데 **중**

부수 ㅣ ㅣ 총 4획

한자 따라 쓰기 **1** 순서에 맞게 다음 한자를 써 보세요.

中 中 中 中

한자 구별하기 **2** 다음 중 '가운데 중'을 찾아 동그라미를 치세요.

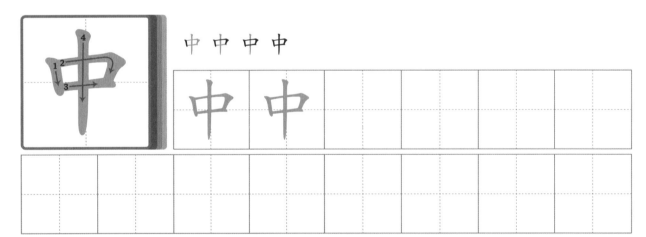

申　甲　中　叟　甲　串

✔ 우리나라의 서북쪽, 아시아 동북부에 있는 면적이 넓은
   나라를 이르는 말은?

 국

✔ 사물의 한 가운데를 뜻하는 말은?

심

✔ 목표물에 정확히 맞음 또는 예상이나 추측이 정확히 들어
   맞음을 뜻하는 말은?

적

✔ 어떤 것 없이는 견디지 못하는 상태를 이르는 말은?

독

한자 연결하기 ４ 각 뜻풀이를 읽고 알맞은 단어를 찾아 바르게 연결해 보세요.

두 사물의 **가운데** •   • **中**고

이미 사용하는 **중에** 있음,
오래되어 낡은 물건 •   • **中**간

가운데에 있음, 어느 쪽에도
치우지지 않고 **중간적** 입장을 지킴 •   • **中**립

고대와 근대 **사이의** 시대 •   • 집**中**력

눈의 **안**, 생각이나 관심의 대상 •   • 안**中**

한**가운데**로 모으는 힘,
마음이나 주의를 집중하는 힘 •   • **中**세

국어 속 한자 찾기 ５ 다음 글을 읽고 '가운데 중'이 들어간 우리말에 동그라미를 치세요.

신학의 시대로 알려져 있는 중세유럽 문화의 중심에는 로마 가톨릭교회와 라틴어가 자리하고 있었
다. 동아시아에서는 7세기에 세워진 당나라가 중국 문화의 황금기를 맞고 있었다. 당시 유럽과 중국
의 중간에는 이슬람 문화가 꽃피웠다.

QUIZ   다음 중 '가운데 중'이 쓰이지 않은 단어를 찾아 동그라미를 치세요.

중고   집중력   중독   존중   중립   적중

 오늘 배울 국어 **속** 한자

小는 '작다'를 뜻합니다. '작다'는 '크다'와 짝을 이루는 대립어이므로 小는 '큰 것에 견주어 비교적 작은 것'을 가리키지요.

'小변'에도 小가 쓰입니다. 몸 밖으로 내보내는 배설물 중 비교적 작은 것을 가리키는 말이기 때문이지요. 그럼 '대小변'은 무엇일까요? 문자 그대로 대변은 큰 변, 소변은 작은 변을 뜻하니 똥과 오줌을 함께 일컫는 말이랍니다.

작을 **소**

부수 小 ㅣ 총 3획

한자 따라 쓰기 **1** 순서에 맞게 다음 한자를 써 보세요.

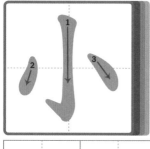

小 小 小

小	小					

한자 구별하기 **2** 다음 중 '작을 소'를 찾아 동그라미를 치세요.

少　小　个　令　厶　心

✔ 몸밖으로 나오는 액체로, 오줌을 점잖게 표현한 말은?

 변

✔ 어린이를 전문적으로 진료하는 의원을 이르는 말은?

아 과

✔ 작게 포장된 물건을 보내는 우편을 뜻하는 말은?

 포

✔ 우리나라 타악기 중 하나로, 한 손에 들 수 있는 작은 북을 이르는 말은?

고

한자 연결하기 4 각 뜻풀이를 읽고 알맞은 단어를 찾아 바르게 연결해 보세요.

크기를 줄여서 **작게** 함 • • 小심

작은 사람이 산다는 상상의 나라 • • 小인국

작은 마음, 대담하지 못하고 지나치게 조심함 • • 축小

몸이 **작고** 초라함 • • 과小평가

공간이 좁고 **작음** • • 왜小

사실보다 **작게** 평가함 • • 협小

국어 ⇨ 한자 찾기 5 다음 글을 읽고 '작을 소'가 들어간 우리말에 동그라미를 치세요.

거센 폭풍에 배가 난파하여 걸리버는 낯선 해안에 도착했다. 이 나라는 모든 것이 1/12 정도로 축소된 '릴리풋'이라는 소인국이었다. 하루는 왕비의 궁전에 불이 났다. 소인국 사람들은 걸리버에게 도움을 요청했고 걸리버는 소변으로 불을 껐다. 궁전은 무사했지만 왕비는 불쾌했다. 사실 릴리풋 법에 궁전에서 소변을 보는 사람은 사형이라고 규정되어 있었기 때문이다.

QUIZ

다음 중 '작을 소'가 쓰이지 않은 단어를 찾아 동그라미를 치세요.

협소   소심   소아과   왜소   소풍   과소평가

 오늘 배울 국어 **속** 한자

임금 **왕**

부수 王(玉) | 총 4획

王은 원래 '임금', '나라를 다스리는 우두머리'를 뜻합니다. 이외에도 '크다'라는 뜻을 나타내지요.

'저축王, 기부王'에서처럼 王이 들어간 단어는 비유적으로 '어떤 분야에서 으뜸이 되는 뛰어난 존재'를 가리킬 때 쓰이기도 합니다. 한편 '王초보, 반칙王'에서처럼 어떤 범위이든 단순히 그 안에서 으뜸이 되는 존재를 나타낼 때도 王이 쓰인답니다.

한자 따라 쓰기 **1** 순서에 맞게 다음 한자를 써 보세요.

王 王 王 王

王	王					

한자 구별하기 **2** 다음 중 '임금 왕'을 찾아 동그라미를 치세요.

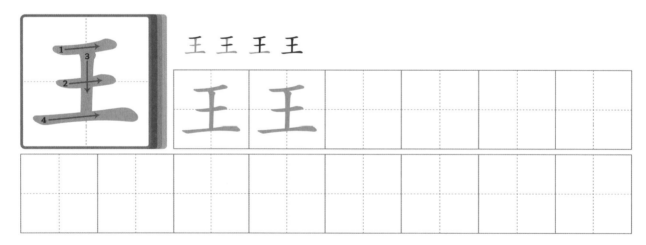

玉　王　主　玍　玊　生

✔ 임금이 머리에 쓰는 관을 뜻하는 말은?

	관

✔ 한 나라의 임금을 이르는 말은?

국	

✔ 세 부문에서 모두 우승을 차지한 사람을 이르는 말은?

삼	관	

✔ 발이 큰 사람을 이르는 말은?

	발

임금의 아들 • • 王눈이

조선의 제4대 **왕**인
세종을 높여 부르는 말 • • 세종대王

눈이 **큰** 사람을 이르는 말 • • 王자

임금이 사는 궁전 • • 王위

임금의 자리 • • 기부王

기부를 **잘하는 사람** • • 王궁

태종에게는 세 아들이 있었다. 첫째 양녕은 왕세자, 둘째 효령과 셋째 충녕은 대군이었다. 세 왕자는 왕궁에서 함께 자랐다. 태종은 첫째가 아닌 셋째 충녕에게 왕위를 잇게 했다. 국왕이 된 충녕은 조선을 훌륭하게 통치했다. 우리는 그 업적에 대한 존경의 의미를 담아 그를 세종대왕이라고 부른다.

QUIZ 다음 중 '임금 왕'이 쓰이지 않은 단어를 찾아 동그라미를 치세요.

왕눈이	왕위	왕관	기부왕	삼관왕	왕복

 오늘 배울 국어 **속** 한자

民이 들어간 단어는 '백성('일반 국민'을 이르는 예스러운 표현)', '일반 사람(들)'과 관련된 뜻을 나타냅니다.

법정 공휴일인 10월 9일은 무슨 날일까요? 바로 '한글날'입니다. '훈민정음'을 반포한 날을 기념하는 국경일이지요. '한글'의 옛 이름인 '훈민정음'의 뜻을 풀면 '백성을 가르치는 바른 소리'를 의미합니다.

백성 민

부수 氏 | 총 5획

한자 따라 쓰기 **1** 순서에 맞게 다음 한자를 써 보세요.

民民民民民

民	民				

한자 구별하기 **2** 다음 중 '백성 민'을 찾아 동그라미를 치세요.

艮　民　氏　泯　良　氐

✔ 나라의 백성을 뜻하는 말은?

| 국 | |

✔ 농사짓는 일을 생업으로 하는 사람을 뜻하는 말은?

| 농 | |

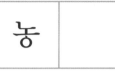

✔ 물고기 잡는 일을 생업으로 하는 사람을 뜻하는 말은?

| 어 | |

✔ 나라의 권력이 백성에게 있다고 생각하는 제도를 뜻하는 말은?

| | 주 | 주 | 의 |

한자 연결하기 **4** 각 뜻풀이를 읽고 알맞은 단어를 찾아 바르게 연결해 보세요.

백성들 사이에서 전해오는 놀이 •

옛 백성들이 부르던 노래 •

경제적으로 넉넉하지 못한
보통 사람 •

• 民요

• 서民

• 民속놀이

가난한 백성 •

재해를 입은 사람 •

다른 나라로 옮겨서 사는 사람
또는 그런 일 •

• 이民

• 이재民

• 빈民

국어 ⇨ 한자 찾기 **5** 다음 글을 읽고 '백성 민'이 들어간 우리말에 동그라미를 치세요.

'국민의, 국민에 의한, 국민을 위한 정치', 이는 미국의 16대 대통령인 링컨이 연설에서 한 주장이다.
링컨은 이민자들로 이루어진 미국을 민주주의 국가로 발전시키기 위해 노력했다. 빈민과 서민을 포
함한 모든 국민이 바로 나라의 주인이라는 민주주의의 이념은 오늘날 전 세계에서 받아들여지고
있다.

QUIZ 다음 중 '백성 민'이 쓰이지 않은 단어를 찾아 동그라미를 치세요.

| 서민 | 민속놀이 | 민요 | 어민 | 고민 | 이재민 |

오늘 배울 국어 **속** 한자

韓은 '우리나라', 즉 '대한민국(한국)'을 뜻하는 한자입니다. 그래서 韓이 들어간 단어는 '우리나라', '한국'과 관련된 뜻을 나타내지요.

'韓복과 양복', '韓식과 양식', '韓약과 양약'에서처럼 우리나라 고유의 것과 서양에서 들어온 것을 대비시켜 나타낼 때 흔히 쓰이는 韓은 '韓국식'을, '양'은 '서양식'을 뜻합니다.

한국/나라 **한**

부수 韋 | 총 17획

한자 따라 쓰기 *1* 순서에 맞게 다음 한자를 써 보세요.

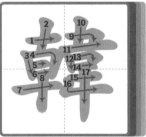

韓 韓 韓 韓 韓 韓 韓 韓 韓 韓 韓 韓 韓 韓 韓 韓 韓

韓	韓					

한자 구별하기 *2* 다음 중 '한국/나라 한'을 찾아 동그라미를 치세요.

幹　朝　榦　韓　軨　軒

✔ 대한민국 국적을 가진 사람을 이르는 말은?

	국	인

✔ 우리나라 사람들이 사용하는 언어를 이르는 말은?

	국	어

✔ 우리나라 고유의 옷을 이르는 말은?

	복

✔ 우리나라 고유의 건축 양식을 이르는 말은?

	옥

한자 연결하기 **4** 각 뜻풀이를 읽고 알맞은 단어를 찾아 바르게 연결해 보세요.

한국의 대중문화가
외국에서 유행하는 현상 •   • 내**韓**

우리나라에서 발달한
의술로 치료하는 의원 •   • **韓**의원

외국인이 **한국**에 옴 •   • **韓**류

우리나라의 공식 명칭 •   • 주**韓**미군

한국을 방문함 •   • 방**韓**

한국에 머물러 있는
미국의 군대 •   • 대**韓**민국

국어 ⇔ 한자 찾기 **5** 다음 글을 읽고 '한국/나라 한'이 들어간 우리말에 동그라미를 치세요.

미국인 마이클 패레스 씨는 평소 한국에 대한 관심과 애정으로 유명하다. 그는 2011년 주한미군 한국어 웅변대회 우승자다. 당시 그는 "일본아 우기지 마라, 독도는 우리 땅이다. 대한민국 만세!"라고 외치며 대회 우승을 차지했다. 패레스 씨는 주한미군에서 제대한 후 한국인 부인과 결혼해 한국에 정착했다.

QUIZ 다음 중 '한국/나라 한'이 쓰이지 않은 단어를 찾아 동그라미를 치세요.

한류	한의원	제한	내한	한복	한국어

오늘 배울 국어 **속** 한자

나라 **국**

부수 口 Ⅰ 총 11획

國이 들어간 단어의 뜻은 '나라', '국가'와 관련이 있습니다. '國어, 國보'처럼 뒤에 나오는 말을 꾸며주는 형태의 '國—'은 '그 나라의 ~'이라는 의미를 나타내고, '한國, 중國'처럼 앞말의 꾸밈을 받는 형태의 '—國'은 주로 나라 이름이지요.

그럼 '아름다울 미(美)'와 '뛰어날 영(英)'을 쓰는 '미國'과 '영國'은 각각 '아름다운 나라', '뛰어난 나라'를 의미할까요? 그렇지 않습니다. '미국'의 '미'는 '아메리카'의 '메', '영국'의 '영'은 '잉글랜드'의 '잉'에서 소리를 따와 한자로 나타낸 것입니다. 이처럼 한자로 된 나라 이름은 한자의 본래 뜻과는 아무 상관이 없는 경우가 많답니다.

한자 따라 쓰기 **1** 순서에 맞게 다음 한자를 써 보세요.

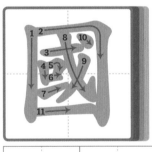

國 國 國 同 同 同 國 國 國 國 國

國	國					

한자 구별하기 **2** 다음 중 '나라 국'을 찾아 동그라미를 치세요.

圈 圂 園 國 圄 圍

✔ 다른 나라 사람을 뜻하는 말은?

| 외 | | 인 |

✔ 대한민국을 줄여서 부르는 명칭은?

| 한 | |

✔ 나라의 경사를 기념하기 위해 국가에서 법률로 정한 날은?

| | 경 | 일 |

✔ 한 나라를 상징하는 기를 뜻하는 말은?

| | 기 |

한자 연결하기 **4** 각 뜻풀이를 읽고 알맞은 단어를 찾아 바르게 연결해 보세요.

부강하고 큰 **나라** •   • 강대**國**

나라 안 •   • **國**내

온 **나라** 전체 •   • 전**國**

나라의 역사,
우리나라 역사를 배우는 교과목 •   • 선진**國**

문화나 경제가 앞선 **나라** •   • **國**립

나라에서 세움 •   • **國**사

국어 ⇆ 한자 찾기 **5** 다음 글을 읽고 '나라 국'이 들어간 우리말에 동그라미를 치세요.

K-POP이나 한국 드라마의 영향으로 한국 문화가 한류라는 이름으로 전 세계에 퍼지고 있다. 한국을 잘 모르던 외국인들이 한국어를 배우고, 한국 문화를 체험하러 국내에 들어오기도 한다. 그러나 일부 전문가들은 한국 문화가 한류만으로 다 표현될 수 있을까 하는 우려를 나타내기도 했다.

QUIZ

다음 중 '나라 국'이 쓰이지 않은 단어를 찾아 동그라미를 치세요.

| 외국인 | 국립 | 국사 | 우체국 | 선진국 | 국경일 |

오늘 배울 국어 **속** 한자

메 산

부수 山 | 총 3획

山은 '높이 솟은 **산**'을 뜻합니다. '산'의 순우리말은 '메' 또는 '뫼'라고 합니다. 그래서 산에 사는 야생 돼지를 '멧돼지'라고 부르지요.

유명한 고사성어로 '우공이山'이 있습니다. 어느 날 '우공'이라는 노인이 마을을 가로막고 있는 큰 산을 옮길 결심을 하지요. 산을 파서 나온 흙과 돌을 바다에 갖다 버리는 우공의 모습에 마을 사람들은 미련한 일이라고 비웃었지만 그는 끝까지 포기하지 않았습니다. 이러한 우공의 한결같은 노력에 감동한 하느님이 산을 송두리째 옮겨주었답니다. 따라서 '우공이山'은 '오랫동안 꾸준히 노력하면 반드시 이루어진다'는 뜻을 담고 있지요.

한자 따라 쓰기 **1** 순서에 맞게 다음 한자를 써 보세요.

山 山 山

한자 구별하기 **2** 다음 중 '메 산'을 찾아 동그라미를 치세요.

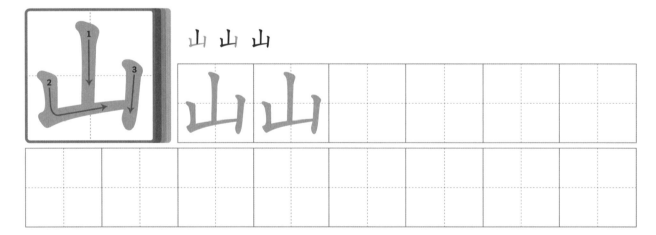

山　士　土　上　丛　牛

한자 완성하기 3 각 질문을 읽고 알맞은 한자를 써넣어 단어를 완성해 보세요.

✔ 산에 오르는 것을 뜻하는 말은?

✔ 산에서 내려오거나 내려감을 뜻하는 말은?

✔ 불을 뿜는 산을 이르는 말은?

✔ 산에 난 불을 뜻하는 말은?

산불조심 [출처: 산림청]

한자 연결하기 4 각 뜻풀이를 읽고 알맞은 단어를 찾아 바르게 연결해 보세요.

산에 들어감 • • 山사태

얼음으로 된 **산** • • 빙山

산에서 돌이나 흙이 갑자기
무너져 내리는 현상 • • 입山

깊은 **산**속에서 야생하는 삼 • • 山림청

산과 숲을 관리하는 국가 기관 • • 山맥

산이 줄기처럼 길게 연결된 지형 • • 山삼

국어 속 한자 찾기 5 다음 글을 읽고 '메 산'이 들어간 우리말에 동그라미를 치세요.

산림청은 봄과 가을 산불 조심 기간에 전국의 입산 통제 구역 정보를 산림청 홈페이지에 올린다. 입산 통제 구역은 산불 위험이 높은 중요한 산림 지역이다. 현재 전국적으로 국립공원 등을 제외한 산림 중 30%에 가까운 182만 헥타르(ha)가 입산 통제 구역으로 지정되어 있다.

QUIZ 다음 중 '메 산'이 쓰이지 않은 단어를 찾아 동그라미를 치세요.

| 하산 | 산삼 | 산사태 | 산림청 | 산불 | 산업 |

오늘 배울 **국어 속 한자**

길 **장**

부수 長 | 총 8획

長은 본래 '길다'를 뜻하지만, 이외에도 '좋다', '잘한다', '크다'라는 뜻을 나타내지요.

'교長, 주방長, 선長, 가長, 사長' 등 어떤 집단의 우두머리나 어른을 가리키는 말에도 長이 쓰입니다.

'長기간과 단기간', '長점과 단점'에서처럼 '짧을 단(短)'의 반의어로 짝을 이루어 쓰여 두 단어가 양극단을 나타낼 때는 '많다, 크다'와 더불어 '좋다'라는 긍정적인 가치를 나타냅니다.

한자 따라 쓰기 **1** 순서에 맞게 다음 한자를 써 보세요.

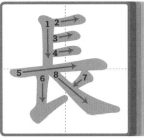

長 長 長 長 長 長 長 長

長	長						

한자 구별하기 **2** 다음 중 '길 장'을 찾아 동그라미를 치세요.

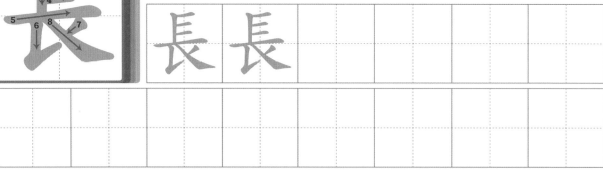

場　長　辰　萇　表　帳

✔ 목이 길게 올라오는 신발을 뜻하는 말은?

	화

✔ 길게 기른 머리카락을 뜻하는 말은?

	발

✔ 주방의 우두머리를 뜻하는 말은?

주	방	

✔ 사람이나 동식물이 점점 자라서 커짐을 이르는 말은?

성	

좋거나 잘하는 점 ● ● 연長

길이나 시간을 본래보다
길게 늘임 ● ● 長점

내용이 **길고** 복잡한 문학작품 ● ● 長편

사람 몸의 **길이**, 키 ● ● 반長

길고 오랜 기간 ● ● 신長

반의 **우두머리**,
반을 대표하는 사람 ● ● 長기간

장편소설은 긴 소설이다. 단편소설에 비해 규모가 방대하고 사건과 구성이 복잡하다. 등장인물의 삶과 고난, 성장과 실패 등을 총체적으로 묘사할 수 있다는 장점이 있다. 소설가는 장기간에 걸친 문학 훈련을 통해 얻은 깊은 통찰로 소설을 쓴다.

QUIZ 다음 중 '길 장'이 쓰이지 않은 단어를 찾아 동그라미를 치세요.

성장   장화   연장   장발   반장   긴장

1 〈보기〉에서 각 빈칸에 알맞은 한자와 뜻을 찾아 써 보세요.

[보기]
木 西 王 民 日 月 南 北 國 長
물 수 | 흙 토 | 한국/나라 한 | 작을 소 | 큰 대 | 불 화 | 쇠 금, 성씨 김 | 가운데 중 | 동녘 동 | 메 산

	火	水		金	土	東		
날 **일**	달 **월**		나무 **목**				서녘 서	남녘 **남**

	大	中	小		韓		山	
북녘 **북**, 달아날 **배**			임금 **왕**	백성 **민**		나라 **국**		길 **장**

2 각 한자의 틀린 부분을 찾아 바르게 고쳐 써 보세요.

口	月	火	水	大	全	十	東	两	南
날 **일**	달 **월**	불 **화**	물 **수**	나무 **목**	쇠 금, 성씨 **김**	흙 **토**	동녘 **동**	서녘 **서**	남녘 **남**

北	天	口	八	土	民	韓	國	凵	辰
북녘 **북**, 달아날 **배**	큰 **대**	가운데 **중**	작을 **소**	임금 **왕**	백성 **민**	한국/나라 **한**	나라 **국**	메 **산**	길 **장**

3 각 빈칸에 알맞은 한자와 뜻을 써 보세요.

日	月		木			西	南
		불 화	물 수	쇠 금, 성씨 김	흙 토	동녘 동	

北			王	民	國		長
	큰 대	가운데 중	작을 소		한국/나라 한	메 산	

4~5 다음 글을 읽고 문제에 답하세요.

  우리나라는 ❶ **동**쪽이 높고 ❷ **서**쪽이 낮은 지형이다. 동쪽은 주로 ❸ **산**으로 이루어졌고, 강을 따라 바다로 ㉠ **물**이 흘러가는 서쪽은 평야가 발달했다. 강원도와 경상도 지역은 ㉡ **나무**가 많아 숲이 발달한 산림 지대이다. 우리나라는 전 ❹ **국토** 면적의 70%가 산림 지역인 산림 국가이다. 일제 강점기와 ❺ **한국** 전쟁을 거치면서 산림 자원이 훼손되어 민둥산이 많았으나, 1970년대부터 식목일을 공휴일로 지정하고 나무 심기 등 산림녹화 사업을 국가적 차원에서 꾸준히 진행한 결과 푸른 산림을 되찾을 수 있었다.

4 글 중 ❶ ~ ❺에 해당하는 우리말을 한자로 써 보세요.

❶ _____   ❷ _____   ❸ _____   ❹ _____   ❺ _____

5 다음 중 ㉠, ㉡의 뜻을 가진 한자를 골라 보세요.

① 火 - 木   ② 水 - 木   ③ 水 - 民   ④ 西 - 南

오늘 배울 국어 **속** 한자

軍은 '군사'를 뜻합니다. 군사는 군대에 소속되어 나라를 지키는 사람을 말하지요? 그래서 軍이 들어간 단어는 '군사', '군대'와 모두 관련이 있습니다.

운동회에서 편을 가를 때는 보통 '청軍'과 '백軍'으로 나눕니다. 군대도 아닌데 軍이 들어가는 이유는 뭘까요? 운동회는 주로 두 팀으로 나누어 서로 겨루는 경기 방식인데, 이때 두 팀이 겨루는 모습이 마치 두 군대가 맞붙어 전쟁을 벌이는 광경과 비슷하다는 이유로 붙여진 비유적인 표현이랍니다.

군사 군

부수 車 ㅣ 총 9획

한자 따라 쓰기 **1** 순서에 맞게 다음 한자를 써 보세요.

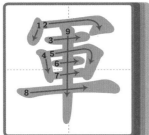

軍 軍 軍 軍 軍 軍 軍 軍 軍

軍	軍				

한자 구별하기 **2** 다음 중 '군사 군'을 찾아 동그라미를 치세요.

冝　冥　軍　車　暈　軌

한자 완성하기 **3** 각 질문을 읽고 알맞은 한자를 써넣어 단어를 완성해 보세요.

✔ 군인의 집단을 뜻하는 말은?

	대

✔ 군을 지휘하고 통솔하는 우두머리를 뜻하는 말은?

	장

✔ 군대에서 의사 임무를 맡은 장교를 뜻하는 말은?

	의	관

✔ 군인이 입는 제복을 뜻하는 말은?

	복

한자 연결하기 **4** 각 뜻풀이를 읽고 알맞은 단어를 찾아 바르게 연결해 보세요.

육지를 지키는 **군사** •   • 해**軍**

바다를 지키는 **군사** •   • 육**軍**

하늘을 지키는 **군사** •   • 공**軍**

적의 **군대** •   • 아**軍**

우리 편 **군대** •   • **軍**사력

군대의 힘, 전쟁을 수행할 능력 •   • 적**軍**

국어 속 한자 찾기 **5** 다음 글을 읽고 '군사 군'이 들어간 우리말에 동그라미를 치세요.

1592년 4월, 도요토미 히데요시는 군대를 정비하여 조선을 침략했다. 적군인 일본군은 아군인 조선 군에 비해 군사력이 월등히 뛰어났다. 전쟁 초기 조선은 패전을 거듭했지만 백성들은 한마음으로 일어나 적군에 대항했고, 명량 해전에서 이순신이 이끄는 조선 해군은 12척의 배로 133척의 일본 해군을 격파했다. 결국 일본은 조선에서 물러나야 했다.

QUIZ 다음 중 '군사 군'이 쓰이지 않은 단어를 찾아 동그라미를 치세요.

공군	장군	적군	군복	군의관	군것질

오늘 배울 국어 속 한자

人은 '사람', '인간'을 뜻합니다. 특히 사람의 옆모습을 본떠서 만들어진 한자로 잘 알려져 있지요.

건강 식품이나 약의 재료로 쓰이는 식물인 '人삼'을 표기할 때도 '사람 **인**'이 쓰입니다. 왜일까요? 인삼의 뿌리가 사람의 모양을 닮았다고 하여 붙인 이름이기 때문이지요. 그래서인지 인삼의 형태도 사람처럼 머리(뇌두), 몸통(동체), 다리(지근)로 구분해 부른답니다.

사람 **인**

부수 人 ㅣ 총 2획

한자 따라 쓰기 **1** 순서에 맞게 다음 한자를 써 보세요.

人 人

한자 구별하기 **2** 다음 중 '사람 인'을 찾아 동그라미를 치세요.

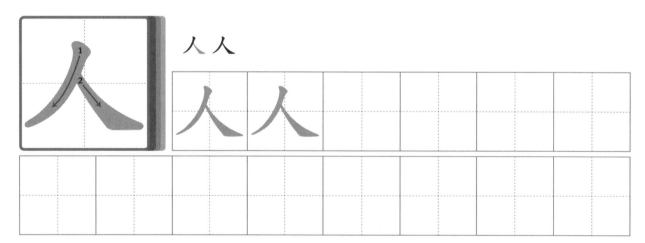

久　入　大　八　亽　人

각 질문을 읽고 알맞은 한자를 써넣어 단어를 완성해 보세요.

✔ 사람 모양으로 만든 장난감을 뜻하는 말은?

	형

✔ 배우, 가수, 무용가 등을 통틀어 이르는 말은?

연	예	

✔ 나이가 들어 늙은 사람을 뜻하는 말은?

노	

✔ 사람이 만든 인간(로봇)을 뜻하는 말은?

	조	간

각 뜻풀이를 읽고 알맞은 단어를 찾아 바르게 연결해 보세요.

사람으로서의 권리 •   • 人체

무쇠처럼 강한 **사람** •   • 철人

사람의 몸 •   • 人권

만든 **인간**과 유사한 지능을 가진 컴퓨터 시스템 •   • 人공지능

알고 지내는 **사람** •   • 人격

사람으로서의 품격(됨됨이) •   • 지人

다음 글을 읽고 '사람 인'이 들어간 우리말에 동그라미를 치세요.

애플사의 시리나 페이스북의 딥 페이스 등 인공지능은 최근 우리 생활에 가까이 다가왔다. 구글의 알파고가 천재 바둑기사 이세돌을 이긴 것 때문에 잘 알려진 딥러닝은 인공지능이 스스로 학습한다는 개념이 적용된 기술이다. 이 기술이 인공으로 만든 인체에 적용되어 영화에서나 보던 인조인간을 개발하는 것이 가능해지면 그때는 인격이나 인권의 개념도 바뀌는 게 아닐까?

QUIZ 다음 중 '사람 인'이 쓰이지 않은 단어를 찾아 동그라미를 치세요.

철인	인형	원인	연예인	지인	인조인간

오늘 배울 국어 **속** 한자

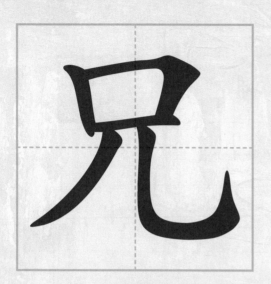

형 형

부수 儿 ㅣ 총 5획

兄은 '형'을 뜻합니다. 보통은 같은 부모에게서 난 형제자매 중 나이가 많은 사람을 뜻하지만, 혈육이 아니라 단순히 '자신보다 나이가 많은 사람'을 가리킬 때도 쓰이지요.

兄은 대부분 남자 형제 간에 쓰이는 호칭으로만 알고 있지만 전통적으로 여자 형제 사이에서도 '언니'와 더불어 '兄님'이라는 호칭을 써 왔습니다. 예를 들어 여동생이 '언니의 남편'을 칭할 때 쓰는 호칭인 '兄부'의 '부'는 '남편'을 뜻하고, 兄은 '자신보다 나이가 많은 사람'을 나타낸답니다.

한자 따라 쓰기 **1** 순서에 맞게 다음 한자를 써 보세요.

兄 兄 兄 兄 兄

兄	兄						

한자 구별하기 **2** 다음 중 '형 형'을 찾아 동그라미를 치세요.

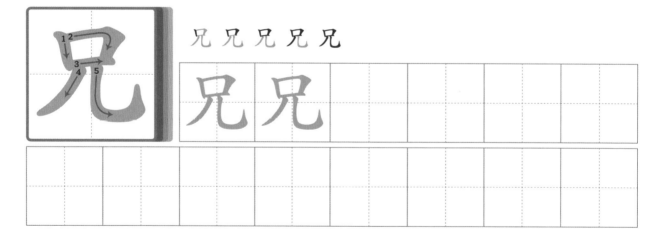

元　允　兄　兌　兇　充

✔ 형과 아우를 이르는 말은?

	제

✔ 같은 부모에게서 난 형을 이르는 말은?

친	

✔ 두 명 이상의 형 중 큰형이 아닌 형을 이르는 말은?

작	은	

✔ 언니의 남편을 이르는 말은?

	부

한자 연결하기 **4** 각 뜻풀이를 읽고 알맞은 단어를 찾아 바르게 연결해 보세요.

자신보다 나이가 많은
누나의 남편 •   • **兄**수

형의 아내 •   • 매**兄**

학생의 아버지나 **형**,
학생의 보호자 •   • 학부**兄**

아내의 **언니** •   • 의**兄**제

형과 아우간의 사랑 •   • **兄**제애

의로 맺은 **형**과 아우 사이 •   • 처**兄**

국어 속 한자 찾기 **5** 다음 글을 읽고 '형 형'이 들어간 우리말에 동그라미를 치세요.

우리말에는 형제자매의 배우자를 부르는 호칭이 각각 다르다. 형의 아내는 형수이고, 동생의 아내는 제수이다. 언니의 남편은 형부이고 여동생의 남편은 제부이다. 아내의 언니는 처형이고, 아내의 여동생은 처제이다. 누나의 남편은 매형이고, 여동생의 남편은 매제이다.

QUIZ 다음 중 '형 형'이 쓰이지 않은 단어를 찾아 동그라미를 치세요.

작은형	의형제	친형	모형	학부형	형수

오늘 배울 **국어 속 한자**

弟가 들어간 단어는 '아우(동생)', '나이 어린 사람', '아랫사람'과 관련된 뜻을 지닙니다. 이외에도 '제자'라는 뜻을 나타내지요.

'형弟'에서 弟는 '아우', '사弟'에서 弟는 '제자'를 가리킵니다. 아우는 형보다 '아랫사람'이고 제자는 스승으로부터 가르침을 받는 '아랫사람'이라는 공통점이 있어 둘 다 弟를 쓴 것이랍니다.

아우 제

부수 弓 | 총 7획

한자 따라 쓰기 1 순서에 맞게 다음 한자를 써 보세요.

弟 弟 弟 弟 弟 弟 弟

弟	弟					

한자 구별하기 2 다음 중 '아우 제'를 찾아 동그라미를 치세요.

弔　第　弟　苐　苇　芽

✔ 형과 아우 또는 형제자매, 남매를 통틀어 이르는 말은?

형	

✔ 형제나 동기간의 사랑 또는 형제처럼 느껴서 가지게 되는 사랑을 뜻하는 말은?

형		애

✔ 스승에게 가르침을 받는 사람을 이르는 말은?

	자

✔ 스승과 제자를 뜻하는 말은?

사	

한자 연결하기 4 각 뜻풀이를 읽고 알맞은 단어를 찾아 바르게 연결해 보세요.

같은 부모에게서 태어난
형과 **아우** •　　• 친형弟

부모님은 서로 다르지만
의리로 맺은 형과 **아우** •　　• 의형弟

상대를 높여 그 집안의 아들 또는
집안의 **젊은 사람**을 이르는 말 •　　• 자弟

제자 가운데 배움이
가장 뛰어난 **제자** •　　• 호형호弟

서로 형, **아우**로 부를 정도로
매우 가까운 친구로 지냄 •　　• 수弟자

제자 가운데 스승이 특별히
사랑하는 **제자** •　　• 애弟자

국어 속 한자 찾기 5 다음 글을 읽고 '아우 제'가 들어간 우리말에 동그라미를 치세요.

"유비·관우·장비는 성씨가 다르오나 의를 맺어 형제가 되었으니 ……." 장비의 집 뒤뜰 복숭아밭에서 셋은 맹세하고 의형제를 맺었다. 유비가 첫째, 관우가 둘째, 장비가 셋째. 비록 친형제가 아닌 의형제지만 어지러운 나라를 다시 일으키기 위해 셋은 한날한시에 태어나지 못했어도 한날한시에 죽기로 다짐했다.

QUIZ 다음 중 '아우 제'가 쓰이지 않은 단어를 찾아 동그라미를 치세요.

자제	숙제	수제자	사제	형제애	제자

오늘 배울 **국어 속 한자**

아버지 부

부수 父 | 총 4획

父는 '아버지'를 뜻합니다. 아버지와 나이나 세대가 엇비슷한 친척이나, 남남이지만 '아버지'처럼 따르고 공경하는 사람을 가리킬 때도 父가 쓰입니다.

'사父'는 '스승 사'에 '아버지 **부**'로 스승을 아버지처럼 높여서 부르는 호칭입니다. 교사의 권위를 말할 때 흔히 쓰는 표현인 '군사父일체'는 '임금과 스승, 아버지를 한 몸처럼 공경해야 한다'는 뜻으로, 유교 사상에 뿌리를 둔 말이지요.

한자 따라 쓰기 **1** 순서에 맞게 다음 한자를 써 보세요.

父 父 父 父

父	父			

한자 구별하기 **2** 다음 중 '아버지 부'를 찾아 동그라미를 치세요.

夂 夊 夌 父 夫 文

✔ 아버지와 어머니를 뜻하는 말은?

	모

✔ 아버지와 딸을 뜻하는 말은?

	녀

✔ 아버지의 아버지, 즉 할아버지를 뜻하는 말은?

조	

✔ 가르침을 주는 스승을 뜻하는 말은?

사	

한자 연결하기 **4** 각 뜻풀이를 읽고 알맞은 단어를 찾아 바르게 연결해 보세요.

아버지를 아버지라,
형을 형이라 부름 • • 호**父**호형

자식을 향한 **아버지**의
본능적인 사랑 • • **父**친

아버지를 정중히 이르는 말 • • **父**성애

늘으신 **아버지**와 어머니 • • 삼**父**자

친**아버지**, 생물학적 **아버지** • • 노**父**모

아버지와 두 아들 • • 생**父**

국어 ⇔ 한자 찾기 **5** 다음 글을 읽고 '아버지 부'가 들어간 우리말에 동그라미를 치세요.

양반인 아버지와 노비인 어머니 사이에서 태어난 홍길동은 생부를 아버지라고 부르지 못했다. 부친은 홍길동의 재능을 알아봤고, 양반 어머니에게서 태어난 형도 길동을 사랑했지만 삼부자가 함께 있어도 길동은 '호부호형'을 허락받지 못했다. 엄격한 신분제도 탓이었다.

QUIZ 다음 중 '아버지 부'가 쓰이지 않은 단어를 찾아 동그라미를 치세요.

호**부**호형	**부부**	삼**부**자	**부**녀	노**부**모	사**부**

어머니 **모**

부수 毋 | 총 5획

🐻 **오늘 배울 국어 속 한자**

母는 '어머니'를 뜻합니다. 인간의 탄생이 '어머니'의 몸에서 시작되는 것에 빗대 어떤 것의 '근원', '근본'이라는 뜻으로도 쓰이지요.

독사인 '살母사'는 '어미를 죽이는 뱀'을 뜻합니다. 왜 이런 뜻을 갖게 됐을까요? 알을 낳은 이후에 부화되는 다른 뱀과 달리 살모사는 어미 몸속에서 부화돼 새끼 뱀으로 태어난답니다. 몸속에서 키워낸 후에 출산하는 만큼 어미 뱀은 기운이 더 빠질 수밖에 없지요. 힘없이 늘어진 어미 곁에서 갓 나온 새끼 뱀들이 꿈틀대는 모습을 본 사람들의 오해가 빚은 이름인 것입니다.

한자 따라 쓰기 1 순서에 맞게 다음 한자를 써 보세요.

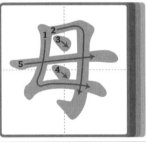

母 母 母 母 母

母	母					

한자 구별하기 2 다음 중 '어머니 모'를 찾아 동그라미를 치세요.

毒　每　毋　母　毌　每

각 질문을 읽고 알맞은 한자를 써넣어 단어를 완성해 보세요.

✔ 학생의 아버지와 어머니라는 뜻으로 학생의 보호자를
  이르는 말은?

학	부	

✔ 어머니와 아들을 뜻하는 말은?

	자

✔ 아기를 갓 낳은 어머니를 뜻하는 말은?

산	

✔ 'ㅏ, ㅑ, ㅓ, ㅕ' 등을 이르는 말은?

	음

각 뜻풀이를 읽고 알맞은 단어를 찾아 바르게 연결해 보세요.

어머니의 본능적인 자식 사랑 •　　• 노母

어머니의 태 속, 태아 때부터
그랬음을 강조 •　　• 母태

늙으신 어머니 •　　• 母성애

어머니의 자매 또는
그들을 가르켜 부르는 말 •　　• 母교

어머니 같은 학교,
자기가 다니거나 졸업한 학교 •　　• 분母

분수에서 줄 아래에 있는 수,
어머니에 해당하는 수 •　　• 이母

다음 글을 읽고 '어머니 모'가 들어간 우리말에 동그라미를 치세요.

수학에서 사용하는 분모와 분자, 국어에서 사용하는 모음과 자음은 어머니와 아들의 관계인 모자 관계를 적용하여 만든 말이다. 분수에서 줄 아래 수를 어머니에 해당하는 수라고 하여 분모, 줄 위의 수를 아들에 해당하는 수라고 하여 분자라고 한다. 'ㅏ, ㅑ, ㅓ, ㅕ' 등을 모음, 'ㄱ, ㄴ, ㄷ' 등은 자음이라고 하는 것도 같은 이유에서이다.

 다음 중 '어머니 모'가 쓰이지 않은 단어를 찾아 동그라미를 치세요.

모교	모태	이모	모범생	모성애	산모

오늘 배울 국어 **속** 한자

푸를 **청**

부수 靑 | 총 8획

靑은 '푸르다', '푸른빛', '젊다'라는 뜻과 관련이 있습니다.

'푸른 하늘, 푸른 숲, 푸른 바다'에서 '푸른'은 다 같은 색을 가리키는 표현이 아닙니다. '푸른 하늘'에서는 연한 파란색을, '푸른 숲과 잔디'에서는 초록색을, '푸른 바다'에서는 짙은 초록색을 나타내지요. 靑은 이 모든 색을 두루 가리키는 한자어인 셈입니다.

대통령이 거주하며 직무를 수행하는 곳인 '靑와대'에는 왜 靑이 쓰였을까요? 한국 전통 가옥의 지붕을 이을 때 쓰이는 푸른 기와인 '靑와'를 올려 지붕을 만들었다고 해서 '靑와대'라는 이름이 붙여진 것이랍니다.

한자 따라 쓰기 1 순서에 맞게 다음 한자를 써 보세요.

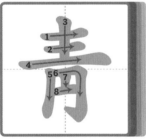

靑 靑 靑 靑 靑 靑 靑 靑

靑	靑						

한자 구별하기 2 다음 중 '푸를 청'을 찾아 동그라미를 치세요.

清　靑　責　麦　丟　吾

✔ 빛깔이 푸른 포도를 이르는 말은?

	포	도

✔ 질긴 무명으로 만든 푸른색 바지를 이르는 말은?

	바	지

✔ 푸른 빛의 자기를 이르는 말은?

	자

✔ 운동회에서 푸른색 팀을 이르는 말은?

	군

한자 연결하기 4 각 뜻풀이를 읽고 알맞은 단어를 찾아 바르게 연결해 보세요.

젊은 나이, **젊은** 시절 • • 靑소년

어리거나 **젊은** 사람,
청년과 소년 • • 靑춘

푸른 하늘에 벼락이 침, 뜻밖에
일어난 큰 재앙이나 사고 • • 靑천벽력

푸른색 신호, 앞으로 일이
잘 될 징조를 비유하는 말 • • 靑사진

푸른 사진,
미래에 대한 희망적인 계획 • • 靑과

푸른 빛을 띤 신선한 과일 • • 靑신호

국어 속 한자 찾기 5 다음 글을 읽고 '푸를 청'이 들어간 우리말에 동그라미를 치세요.

'광야', '청포도'라는 시로 잘 알려진 이육사는 시인이기 이전에 독립운동가다. 조선이 한일병탄이라는 청천벽력같은 사건을 겪은 후 이육사의 청소년 시기는 암담했다. 하지만 그는 조선 독립이라는 청사진을 마음에 그리며 온 청춘을 독립운동에 바쳤다. 그의 첫 번째 투옥 때 수감번호는 264. 이때 그는 이육사로 이름을 바꾸고 독립운동의 의지를 키워나갔다.

QUIZ 다음 중 '푸를 청'이 쓰이지 않은 단어를 찾아 동그라미를 치세요.

청천벽력	청소	청신호	청군	청바지	청춘

오늘 배울 국어 **속** 한자

흰 **백**

부수 白 | 총 5획

白은 '희다'를 뜻합니다. 그래서 白이 들어간 단어는 '희다'뿐만 아니라 흰색이 상징하는 '깨끗하다', '밝다'라는 뜻과도 관련이 있지요.

아파트 게시판에 붙는 공지에서 볼 수 있는 '관리 소장白'이나 공용 시설들을 이용할 때 가끔 마주치는 경고문의 '주인白'은 무슨 뜻을 나타낼까요? 이때 白은 '희다', '깨끗하다'가 아니라 '말하다'라는 뜻으로 쓰였습니다. 사람을 가리키는 말 뒤에 붙어 '말씀드려 알리다'라는 의미를 나타내지요.

한자 따라 쓰기 **1** 순서에 맞게 다음 한자를 써 보세요.

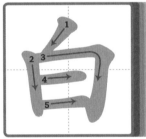

白 白 白 白 白

白	白					

한자 구별하기 **2** 다음 중 '흰 백'을 찾아 동그라미를 치세요.

自　日　白　日　百　旧

 **3** 각 질문을 읽고 알맞은 한자를 써넣어 단어를 완성해 보세요.

✔ 온몸이 하얀 오릿과 물새를 이르는 말은?

	조

✔ 검은색과 흰색을 이르는 말은?

흑	

✔ 흰색 말을 이르는 말은?

	마

✔ 마음속에 있는 것을 사실대로 숨김없이 말하는 것을 뜻하는 말은?

	고

 **4** 각 뜻풀이를 읽고 알맞은 단어를 찾아 바르게 연결해 보세요.

눈처럼 **하얀** 살결을 가진 동화 속 공주   •   • 白설공주

아무 허물이 없이 **깨끗하고 흼**   •   • 白발

하얗게 된 머리카락   •   • 결白

혼자 **말함**, 배우가 상대역 없이 혼자 **말함**   •   • 독白

흰 모래가 깔려 있는 강가나 바닷가   •   • 자白

자기 잘못을 스스로 **말함**   •   • 白사장

국어 **속** 한자 찾기 **5** 다음 글을 읽고 '흰 백'이 들어간 우리말에 동그라미를 치세요.

난쟁이들은 독 사과를 먹고 쓰러진 백설공주를 투명한 관에 눕히고는 슬퍼했다. "독 사과를 먹은 사람은 사랑하는 사람의 키스를 받아야 살아날 수 있대!" 숲속 동물들은 공주에게 사랑을 고백했던 왕자를 찾아 사방으로 길을 떠났다. 드디어 백조가 왕자를 찾아냈다. 왕자는 백마를 타고 달려와 백설공주에게 입을 맞췄다.

QUIZ 다음 중 '흰 백'이 쓰이지 않은 단어를 찾아 동그라미를 치세요.

결백	자백	백발	독백	백사장	백성

 오늘 배울 **국어 속 한자**

바깥 **외**

부수 夕 | 총 5획

外가 들어간 단어는 '바깥', '밖', '겉'과 관련된 뜻을 나타 냅니다.

外는 '어떤 범위나 기준의 밖'이라는 의미의 '이외'라는 뜻 도 있습니다. 예를 들어 '의外'의 '의'는 '뜻, 생각'을 나타내므 로, '생각한 것의 밖', 즉 미처 생각하지 못했던 것이나 기대 했던 것과는 다른 '뜻밖'을 나타냅니다. 순우리말로 알고 있 는 단어 중에서도 알고 보면 의외로 한자어인 경우가 꽤 있 습니다. '가게', '가난', '김장', '김치'가 대표적인 예지요.

한자 따라 쓰기 **1** 순서에 맞게 다음 한자를 써 보세요.

外 外 外 外 外

外	外				

한자 구별하기 **2** 다음 중 '바깥 외'를 찾아 동그라미를 치세요.

夘 叶 夘 吖 処 外

한자 완성하기 **3** 각 질문을 읽고 알맞은 한자를 써넣어 단어를 완성해 보세요.

✔ 추위를 막기 위해 옷 위에 덧입는 겉옷을 뜻하는 말은?

 투

✔ 지구 이외의 행성에 존재한다고 믿는 지적인 생명체를 이르는 말은?

계 인

✔ 바다 밖이라는 뜻으로, 다른 나라를 이르는 말은?

해

✔ 우리나라 국적이 아닌 다른 나라 사람을 뜻하는 말은?

국 인

한자 연결하기 **4** 각 뜻풀이를 읽고 알맞은 단어를 찾아 바르게 연결해 보세요.

집이나 근무지 등에서 벗어나 잠시 **밖에** 나감 · · **外**출

나라 **밖**(외국)에서 들어와 우리말처럼 쓰이는 말 · · **外**래어

바깥으로 드러나거나 드러내는 것 · · **外**향적

겉으로 드러나 보이는 모양 · · **外**모

일반적인 규칙 **이외**의 일 · · 과**外**

정해진 학교 수업 **이외**의 교육 · · 예**外**

국어 속 한자 찾기 **5** 다음 글을 읽고 '바깥 외'가 들어간 우리말에 동그라미를 치세요.

외계인은 실제로 존재할까? 외국인이 주인공인 영화에서 외계인은 대부분 그 나라 사람을 닮았다. 한국 드라마에 나온 외계인이 한국인을 닮은 것처럼 말이다. 미국항공우주국(NASA)의 한 과학자는 "외계인은 이미 지구에 와 있을 수 있다."고 주장했다. 그러면 우리가 해외여행을 나가서 외계인을 만난다면 그 외모는 과연 어떨까?

QUIZ

다음 중 '바깥 외'가 쓰이지 않은 단어를 찾아 동그라미를 치세요.

외출　　해외　　외향적　　외투　　예외　　외로움

여자 녀(여)

부수 女 ㅣ 총 3획

🐻 오늘 배울 국어 **속** 한자

女는 '여자', '딸'을 뜻합니다. 남자의 상대어로 '여자', 아들의 상대어로 '딸'을 나타내지요.

'여자 **녀**'에서 '여자'는 한자어입니다. 그럼 女의 순우리말은 무엇일까요? 바로 '계집'입니다. 옛날에는 '집에 계시는 사람'이란 뜻의 일반적인 말로 쓰였지만 요즘에는 '여자를 얕잡아 이르는 말'로 여겨져 비속어로 취급하지요.

女는 단어에서 쓰인 위치에 따라 소리도 달라진답니다. 단어의 첫소리로 오면 '女성', '女인'처럼 '여'로 읽고, 그렇지 않으면 '해女', '남女'에서처럼 '녀'로 읽지요.

한자 따라 쓰기 **1** 순서에 맞게 다음 한자를 써 보세요.

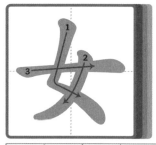

女 女 女

女	女						

한자 구별하기 **2** 다음 중 '여자 녀'를 찾아 동그라미를 치세요.

又　交　女　大　入　支

✔ 여자 임금을 뜻하는 말은?

 왕

✔ 바닷속에 들어가 해산물을 따는 것을 직업으로 하는 여자를 뜻하는 말은?

해

✔ 여자 동생을 뜻하는 말은?

동 생

✔ 여자 학생을 뜻하는 말은?

학 생

한자 연결하기 **4** 각 뜻풀이를 읽고 알맞은 단어를 찾아 바르게 연결해 보세요.

나이 어린 **여자**아이 • • 소**女**

아들과 **딸** • • 자**女**

하늘에 산다는 **여자** 신선 • • 선**女**

그 **여자** • • 그**女**

부모를 지극히 섬기는 **딸** • • 장**女**

맏이인 **딸**, 큰 **딸** • • 효**女**

국어 속 한자 찾기 **5** 다음 글을 읽고 '여자 녀'가 들어간 우리말에 동그라미를 치세요.

16세 스웨덴 여학생인 그레타 툰베리는 어른들을 향해 지구 환경 파괴와 기후 변화에 대응을 촉구하는 의미로 등교 거부 시위를 한 소녀 환경운동가이다. 그녀는 유엔 기후변화협약에서 이런 연설을 했다. "당신들은 자녀를 가장 사랑한다고 말하지만, 기후 변화에 적극적으로 대처하지 않는 모습으로 자녀의 미래를 훔치고 있다."

QUIZ 다음 중 '여자 녀'가 쓰이지 않은 단어를 찾아 동그라미를 치세요.

| 자녀 | 효녀 | 여권 | 여왕 | 소녀 | 해녀 |

오늘 배울 국어 **속** 한자

아들 **자**

부수 子 ㅣ 총 3획

子가 들어간 단어는 주로 '아들', '사람', '자식'이라는 뜻과 관련이 있습니다. 이외에 단어 끝에 붙어 '선생님' 또는 '작은 것'을 뜻하기도 하지요.

고대 중국 사상가의 이름인 '공자, 맹자, 노자, 장자' 등에서 쓰인 子는 학문과 덕행이 높은 사람을 '선생님'으로 높여 부르기 위한 칭호로 쓰였습니다.

'분자, 원자, 전자'에도 子가 쓰입니다. 여기서 子는 '아주 작은 것'을 뜻하는 접미사로 쓰였지요. 참고로, 접미사란 다른 단어의 뒤에 붙어 새로운 뜻을 더해주는 말을 뜻합니다.

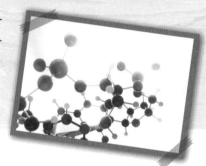

한자 따라 쓰기 **1** 순서에 맞게 다음 한자를 써 보세요.

子 子 子

子	子					

한자 구별하기 **2** 다음 중 '아들 자'를 찾아 동그라미를 치세요.

子　子　字　了　子　孑

✔ 어머니와 아들을 아울러 이르는 말은?

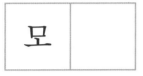

모 |

✔ 아버지와 아들을 아울러 이르는 말은?

부 |

✔ 여자의 몸속에서 태아가 자라는 기관을 이르는 말은?

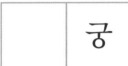 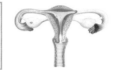

 | 궁

✔ 암컷의 난자와 결합하여 새로운 생명을 만들어 내는 수컷의 생식 세포를 이르는 말은?

정 |

한자 연결하기 4 각 뜻풀이를 읽고 알맞은 단어를 찾아 바르게 연결해 보세요.

남성으로 태어난 **사람**   •   • 여**子**

여성으로 태어난 **사람**   •   • 제**子**

스승으로부터
가르침을 받는 **사람**   •   • 남**子**

아들과 손자, **자식**과 손자, 후손 •   • **子**손

단 하나뿐인 **아들**   •   • 공**子**

유교를 창시한 큰 **선생님**   •   • 독**子**

국어 속 한자 찾기 5 다음 글을 읽고 '아들 자'가 들어간 우리말에 동그라미를 치세요.

사춘기가 되면 남자와 여자는 겉모습도 변하지만 더 큰 변화는 몸속에서 일어난다. 남자의 몸속에는 정자가 생겨나고, 여자의 몸속에는 난자가 생겨난다. 이는 자녀를 낳을 수 있는 몸이 되었다는 뜻이 기도 하다. 정자와 수정된 난자는 자궁벽에 붙어 자리를 잡은 후 엄마 몸의 영양을 흡수하면서 태아 로 자라게 된다. 자궁은 '아기의 집'이라는 뜻으로 우리가 처음 생겨난 곳이다.

QUIZ 다음 중 '아들 자'가 쓰이지 않은 단어를 찾아 동그라미를 치세요.

제자   독자   자연   공자   자손   남자

오늘 배울 국어 속 한자

사내 **남**

부수 田 I 총 7획

男이 들어간 단어의 뜻은 '남자', '사내', '아들'과 관련이 있습니다.

'1男 2녀'는 남자 1명, 여자 2명이라는 뜻일까요? 보통 '남자와 여자'를 아울러 이를 때는 '男녀'를 쓰고 '아들과 딸'을 함께 이를 때는 '자녀'라고 씁니다. 하지만 '아들 하나 딸 둘'에서처럼 성별에 따른 자녀의 수를 말할 때는 '1자 2녀'라 하지 않고 '1男 2녀'라고 쓰지요. 이때 男은 '남자'와 '아들' 둘 다를 뜻한답니다.

한자 따라 쓰기 1 순서에 맞게 다음 한자를 써 보세요.

男 男 男 男 男 男 男

男 男

한자 구별하기 2 다음 중 '사내 남'을 찾아 동그라미를 치세요.

甼 甹 电 界 男 畠

각 질문을 읽고 알맞은 한자를 써넣어 단어를 완성해 보세요.

✔ 남자 학생을 뜻하는 말은?

	학	생

✔ 남자와 여자를 이르는 말은?

	녀

✔ 오빠와 여동생을 이르는 말은?

	매

✔ 얼굴이 잘생긴 남자를 뜻하는 말은?

미	

각 뜻풀이를 읽고 알맞은 단어를 찾아 바르게 연결해 보세요.

맏이인 **아들**, 큰 **아들**　•　•　차**男**

둘째 **아들**　•　•　**男**녀공학

남자와 여자가 같은 학교에서
함께 교육받는 것 또는 그런 학교　•　•　장**男**

아들을 낳음　•　•　득**男**

남자의 출입을 금함　•　•　**男**장

여자가 **남자**처럼 차려 입음　•　•　금**男**

다음 글을 읽고 '사내 남'이 들어간 우리말에 동그라미를 치세요.

한 공개 오디션 방송에서 소현이와 민혁이 남매는 가장 주목받는 참가자였다. 장녀인 소현이는 작곡 신동이라고 불릴 정도로 뛰어난 음악적 재능을 보여주었고, 차남인 민혁이는 미남인 데다 가창력이 뛰어났다. 대부분 자작곡인 이들의 노래는 남녀노소를 불문하고 많은 시청자의 공감을 얻었다. 지난 주 방송에서는 장남인 민우가 깜짝 출연해 훈훈한 형제애를 보여주기도 했다.

QUIZ 다음 중 '사내 남'이 쓰이지 않은 단어를 찾아 동그라미를 치세요.

차남	득남	남풍	남학생	남녀공학	금남

오늘 배울 **국어 속** 한자

旗가 들어간 단어의 뜻은 '기', '깃발'과 관련이 있습니다.

글씨나 그림, 부호 등을 천이나 종이에 그려 넣은 깃(旗)발은 특정 단체나 어떤 사상을 상징하는 표시나 특징을 나타냅니다. 예를 들어 각 나라마다 '국旗'가 있는 것처럼, 군대에는 '군旗'가, 학교에는 '교旗'가, 회사에는 '사旗'가 있지요. 이 깃발들은 저마다 그 단체만의 특징과 목표로 하는 바를 나타낸답니다.

기 **기**

부수 方 l 총 14획

한자 따라 쓰기 **1** 순서에 맞게 다음 한자를 써 보세요.

旗 旗 旗 旗 旗 旗 旗 旗 旗 旗 旗 旗 旗 旗

旗	旗					

한자 구별하기 **2** 다음 중 '기 기'를 찾아 동그라미를 치세요.

族　施　旗　旅　旄　旃

✔ 깃대에 달린 천이나 종이로 된 펄럭이는 부분을
이르는 말은?

	발

✔ 세계 여러 나라의 국기를 이르는 말은?

만	국	

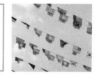

✔ 하얀색 깃발, 항복할 때 흔드는 기를 뜻하는 말은?

백	

✔ 우리나라를 상징하는 국기를 이르는 말은?

태	극	

한자 연결하기 **4** 각 뜻풀이를 읽고 알맞은 단어를 찾아 바르게 연결해 보세요.

행사 때 대열 앞에서
기를 드는 사람 •

• 교旗

군대의 각 단위 부대의 **기** •

• 군旗

학교를 상징하는 **기** •

• 旗수

반대의 뜻을 나타내는 행동이나
그 표시로 드는 **기** •

• 반旗

적에게 항복의 뜻을
알리는 흰 **기** •

• 대장旗

대장이 군대를 지휘할 때
사용하던 **기** •

• 항복旗

국어 속 한자 찾기 **5** 다음 글을 읽고 '기 기'가 들어간 우리말에 동그라미를 치세요.

전쟁터에서 각 나라는 대장기를 앞세우고 적진을 향해 깃발을 높이 들어 군대의 사기를 높이지만 전쟁에는 승패가 있는 법. 패한 쪽은 자기 쪽 군기를 내리고 항복기를 들어 패배를 인정한다. 동양에서는 한나라 때, 서양에서는 서기 100년쯤에 항복의 의미로 백기를 사용했다고 한다.

QUIZ 다음 중 '기 기'가 쓰이지 않은 단어를 찾아 동그라미를 치세요.

기수	만국기	반기	일기	깃발	태극기

오늘 배울 **국어** 속 **한자**

수풀 **림(임)**

부수 木 | 총 8획

林은 나무들이 빽빽이 들어찬 '숲'을 뜻합니다.

林이 들어간 단어는 나무가 무성한 숲처럼 많은 인원이 모인 '모임'이나 '집단'과 관련이 있기도 합니다. 중국에서 무예를 수련하는 무사 집단을 '무林'이라고 부르는 것이나 조선 시대 때 유학자 집단을 '유林'이라고 일컬은 것도 한 가지 예로 볼 수 있지요.

한자 따라 쓰기 **1** 순서에 맞게 다음 한자를 써 보세요.

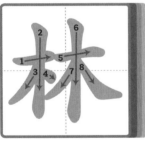

林 林 林 林 林 林 林 林

林	林					

한자 구별하기 **2** 다음 중 '수풀 림'을 찾아 동그라미를 치세요.

枂　枮　秫　林　材　杯

✔ 산이나 숲 또는 산에 있는 숲을 이르는 말은?

산	

✔ 무사들의 집단, 무사들의 세계를 뜻하는 말은?

무	

✔ 소나무로 이루어진 숲을 뜻하는 말은?

송	

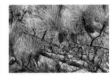

✔ 대나무로 이루어진 숲을 뜻하는 말은?

죽	

나무가 아주 많은 **숲**　●　　　●　열대우**林**

비가 많은 열대 지방에
발달한 **숲**　●　　　●　삼**林**

건강을 위해
숲의 기운을 쐬는 일　●　　　●　삼**林**욕

숲을 경제적으로 이용하는 사업　●　　　●　**林**업

큰 나무가 빽빽하게 있는
깊은 **숲**　●　　　●　원시**林**

사람이 살기 힘든
자연 그대로의 **숲**　●　　　●　밀**林**

밀림이라고도 불리는 열대우림은 기온이 높고 비가 많은 적도 부근 열대 지방에서 발달한 삼림이다. 아마존 강 유역의 열대우림은 세계 최대 규모이다. 이 원시림은 세계 각지에서 발생한 이산화탄소를 산소로 바꿔주는 '지구의 허파' 역할을 하고 있지만 무분별한 임업 개발로 급속도로 파괴되고 있다.

QUIZ 다음 중 '수풀 림'이 쓰이지 않은 단어를 찾아 동그라미를 치세요.

삼림	그림	삼림욕	임업	원시림	무림

오늘 배울 국어 **속** 한자

올 **래(내)**

부수 人 | 총 8획

來가 들어간 단어의 뜻은 '오다'와 관련이 있습니다.

'원來', '본來', '재來'에 쓰인 來는 모두 '전하여 내려오다'라는 뜻을 나타냅니다. 다만 '원來'와 '본來'는 둘 다 '사물이 전해 내려온 그 처음'을 말하고, '재來'는 '예전부터 있어 전해 내려옴'을 뜻한다는 차이가 있답니다.

한자 따라 쓰기 **1** 순서에 맞게 다음 한자를 써 보세요.

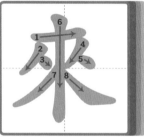

來 來 來 來 來 來 來 來

來	來						

한자 구별하기 **2** 다음 중 '올 래'를 찾아 동그라미를 치세요.

枀　來　夾　众　杀　束

✔ 오늘 바로 다음 날을 뜻하는 말은?

| | 일 |  |

✔ 올해 다음으로 오는 해를 뜻하는 말은?

| | 년 |  |

✔ 닥쳐올 앞날 또는 앞으로의 가망성을 뜻하는 말은?

| 장 | |  |

✔ 모임에 초대받아 온 손님을 뜻하는 말은?

| | 빈 |  |

한자 연결하기 4 각 뜻풀이를 읽고 알맞은 단어를 찾아 바르게 연결해 보세요.

예전부터 **전해 내려오는** 방식 •   • 재**來**식

외국인이 한국에 **옴** •   • **來**한

앞으로 **올** 날이나 때, 앞날 •   • 미**來**

가고 **오고** 함 •   • 근**來**

지금까지 **지내온** 경력 •   • **來**력

가까이 **온** 때, 가까운 요즈음 •   • 왕**來**

국어 속 한자 찾기 5 다음 글을 읽고 '올 래'가 들어간 우리말에 동그라미를 치세요.

미래는 아직 오지 않은 때이다. 내일도 미래고, 내년도 미래다. 우리는 다가올 미래를 준비하느라 정작 현재를 잃어버린 것은 아닌지 생각해봐야 한다. 호라티우스는 미래는 알 수 없으므로 '카르페디엠', 곧 '현재를 잡아라'라고 충고했고, 『오래된 미래』의 저자인 헬레나 노르베리 호지는 옛날 공동체 사회에서 장래 우리가 실현해야 할 가치를 찾아보자고 권했다.

QUIZ 다음 중 '올 래'가 쓰이지 않은 단어를 찾아 동그라미를 치세요.

| 장래 | 내력 | 내용 | 근래 | 왕래 | 내한 |

121

오늘 배울 **국어 속 한자**

算이 들어간 단어의 뜻은 주로 '셈', '계산', '헤아리다'와 관련이 있습니다.

'算수'에서 算은 '셈하다'라는 뜻이고, '타算'에서 算은 '헤아리다'라는 뜻을 나타냅니다. 여기서 '셈하다'와 '헤아리다'는 어떤 관계일까요? '셈하다'는 수효를 더하여 세는 것을 가리키고, '헤아리다'는 수를 세는 것에서 뜻이 파생되어 앞으로의 일을 가늠하거나 미루어 짐작하는 것, 즉 '추측하다'는 뜻이 된 것이지요.

셈 산

부수 竹 | 총 14획

한자 따라 쓰기 **1** 순서에 맞게 다음 한자를 써 보세요.

算 算 算 算 算 算 算 算 算 算 算 算 算 算

算	算						

한자 구별하기 **2** 다음 중 '셈 산'을 찾아 동그라미를 치세요.

笡　算　筭　筼　筸　答

✔ 기초적인 셈법을 뜻하는 말은?

| | 수 |  |

✔ 컴퓨터로 정보 처리를 하는 일을 뜻하는 말은?

| 전 | | |

✔ 필기도구, 계산기 등을 사용하지 않고 오직 머릿속으로 계산함을 뜻하는 말은?

| 암 | |  |

✔ 셈을 하거나 값을 치르는 것을 뜻하는 말은?

| 계 | | |

한자 연결하기 4 각 뜻풀이를 읽고 알맞은 단어를 찾아 바르게 연결해 보세요.

정밀하게 **계산함** •　　• 결**算**

마감하여 **계산함** •　　• 환**算**

어떤 단위를 다른 단위로
고쳐 **헤아림** •　　• 정**算**

필요한 금액을 미리 한 **계산** •　　• 예**算**

계산의 결과가 맞는지
다시 검토하는 별도의 **계산** •　　• **算**출

수치나 값을 **계산**하여 냄 •　　• 검**算**

국어 속 한자 찾기 5 다음 글을 읽고 '셈 산'이 들어간 우리말에 동그라미를 치세요.

스프레드시트는 원래 예산, 결산 등 회계 부문에서 사용하던 계산 용지였다. 이를 전산 프로그램으로 만든 것이 바로 엑셀과 같은 스프레드시트 프로그램이다. 컴퓨터를 활용하면서 이전에 종이에 기록하던 것에 비해 정산 작업이 손 쉬워졌고 검산 작업이 정확해졌다. 또한 결과를 산출하는 데 소요되던 시간도 대폭 줄어들게 되었다.

QUIZ 다음 중 '셈 산'이 쓰이지 않은 단어를 찾아 동그라미를 치세요.

재산　　암산　　산수　　검산　　전산　　환산

오늘 배울 **국어 속 한자**

셈 수

부수 攵 ㅣ 총 15획

數는 본래 '셈', '수'를 뜻하지만, 이외에 '운수'라는 뜻을 나타내기도 합니다.

'구설數'는 헐뜯는 말이나 시비 등 좋지 않은 일로 남의 입에 오르내릴 '운수'를 말하고, '재數'는 좋은 일이 생길 '운수'를 말합니다. 왜 '운수'를 뜻하는 단어에 '셈 **수**'가 쓰이게 된 걸까요? 옛날에는 점을 칠 때 숫자를 이용해 자신의 운이나 운명을 알아보는 일이 많았기 때문이지요. 그래서 數는 '운수'라는 뜻을 나타내게 된 것이랍니다.

한자 따라 쓰기 **1** 순서에 맞게 다음 한자를 써 보세요.

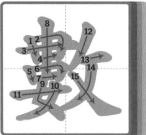

數 數 數 數 數 數 數 數 數 數 數 數 數 數 數

數	數					

한자 구별하기 **2** 다음 중 '셈 수'를 찾아 동그라미를 치세요.

勠　　数　　數　　敷　　邀　　敵

✔ 수를 나타내는 글자를 뜻하는 말은?

	자

✔ 성적을 나타내는 숫자를 뜻하는 말은?

	점

✔ 수의 성질, 셈의 기초 등 수와 관련한 초보적인 계산 방법을 가르치는 과목을 이르는 말은?

산	

✔ 수와 관련하여 연구하는 학문을 뜻하는 말은?

	학

한자 연결하기 4 각 뜻풀이를 읽고 알맞은 단어를 찾아 바르게 연결해 보세요.

둘 이상의 **수** •   • 복**數**

2로 나누어서 나머지가
0이 되는 **수** •   • 단**數**

단일한 **수** •   • 짝**數**

글자를 완성하기 위한 획의 **수** •   • **數**치

계산하여 얻은 **수**의 값 •   • 획**數**

낱낱의 **수**와 분량을 아울러
이르는 말 •   • **數**량

국어한자 찾기 5 다음 글을 읽고 '셈 수'가 들어간 우리말에 동그라미를 치세요.

수량과 공간을 연구하는 학문인 수학은 기초 과학이라는 인식 때문에 수치를 재고, 점수를 계산하는 간단한 활용을 제외하면 실생활에 사용되는 일이 적다고 여겨졌다. 하지만 수학적 사고 능력을 활용하여 놀라운 성과를 올리는 이들이 많아지자, 유명 취업 사이트에서 선정한 최고 직업 5위까지에 수학 관련 직업이 들어갈 정도로 수학에 대한 인기가 높아지고 있다.

QUIZ 다음 중 '셈 수'가 쓰이지 않은 단어를 찾아 동그라미를 치세요.

단수	교수	짝수	숫자	획수	산수

 오늘 배울 국어 **속** 한자

洞은 뜻에 따라 발음도 달라집니다. '골짜기', '마을', '동네', '동굴'을 뜻할 때는 '**동**'으로 읽고, '밝다', '꿰뚫다', '통하다'를 뜻할 때는 '**통**'으로 읽지요.

'평창洞, 홍은洞, 연남洞' 등 동네 이름에도 '골 **동**'이 쓰입니다. 왜일까요? 옛날 사람들은 동굴 속에서 집처럼 지내거나 물이 흐르는 골짜기에 모여 살았지요. 이처럼 거주 형태가 변화하면서 사람들이 모여 사는 '마을'이라는 뜻이 보태진 것이랍니다.

골 **동**, 밝을 **통**

부수 氵(水) | 총 9획

한자 따라 쓰기 **1** 순서에 맞게 다음 한자를 써 보세요.

洞洞洞洞洞洞洞洞洞

洞	洞			

한자 구별하기 **2** 다음 중 '골 동, 밝을 통'을 찾아 동그라미를 치세요.

同　向　洞　洞　汇　泪

✔ 깊고 넓은 굴을 뜻하는 말은?

	굴

✔ 여러 집이 모여 있는 곳을 뜻하는 말은?

	네

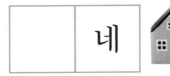

✔ 동에 사는 사람을 뜻하는 말은?

	민

✔ 행정구역인 동의 사무를 맡아보는 곳, 주민센터를 이르는 말은?

		사	무	소

한자 연결하기 **4** 각 뜻풀이를 읽고 알맞은 단어를 찾아 바르게 연결해 보세요.

예리한 관찰력으로 사물을 **꿰뚫어** 살핌 • • 洞里

(주로 시골) **마을**, 지방 행정 구역인 **동**과 리 • • 洞口

동네 어귀 • • 洞察

윗사람이 아랫사람의 사정을 깊이 헤아려 **밝게** 살핌 • • 洞달

꿰뚫어 환히 봄 • • 洞관

사물의 이치나 지식, 기술 등을 **꿰뚫어** 훤히 알거나 아주 능숙함 • • 洞촉

국어 **속** 한자 찾기 **5** 다음 글을 읽고 '골 동, 밝을 통'이 들어간 우리말에 동그라미를 치세요.

철학의 아버지라고 불리는 탈레스는 일상에서 한발 물러서서 '나'와 '세상'과 '삶'에 대해 통찰해 보라고 권한다. 우리 동리 밖에는 새로운 동네가 있고, 그 밖에는 또 새로운 세계가 펼쳐진다. '나'라는 동굴에서 나와 새로운 세계에 대한 통관으로 우리의 시야를 넓히라는 탈레스의 충고에 귀를 기울여 보자.

QUIZ 다음 중 '골 동, 밝을 통'이 쓰이지 않은 단어를 찾아 동그라미를 치세요.

통찰   동굴   통달   동네   동일   동사무소

오늘 배울 국어 **속** 한자

집 가

부수 宀 | 총 10획

家가 들어간 단어의 뜻은 '집', '가족'과 관련이 있습니다. 이외에 '~에 능통한 사람', '~에 대한 전문적인 지식과 기술을 갖춘 사람'을 뜻하기도 하지요.

'나라'라는 뜻의 '국家'에도 집이라는 뜻의 '家'가 쓰입니다. 왜일까요? 고대 중국에서는 '국'과 '家' 모두 '나라'를 뜻했습니다. 왕 아래의 제후가 다스리는 큰 나라는 '국', 제후 아래의 대부가 다스리는 작은 나라는 '家'라고 불리었던 데서 유래한 말이지요.

한자 따라 쓰기 **1** 순서에 맞게 다음 한자를 써 보세요.

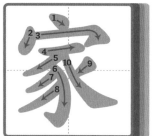

家家家家家家家家家家

家	家					

한자 구별하기 **2** 다음 중 '집 가'를 찾아 동그라미를 치세요.

象 象 豭 家 冢 宸

✔ 한 집안에 함께 사는 친족을 이르는 말은?

	족

✔ 옷장이나 책상, 침대, 소파 같은 집안 살림에 쓰이는 기구를 뜻하는 말은?

	구

✔ 가정에서 사용하는 전기 제품을 뜻하는 말은?

	전

✔ 집안 살림의 수입과 지출을 적는 장부를 뜻하는 말은?

	계	부

집으로 돌아옴 •   • 소설**家**

부부와 미혼 자녀만으로
이루어진 **가족** •   • 귀**家**

소설 쓰는 일을
전문적으로 하는 사람 •   • 핵**家**족

건물을 짓는 일을
전문적으로 하는 사람 •   • 건축**家**

식구 수가 많은 **가족** •   • **家**구

집안 식구 또는
그 집단을 세는 단위 •   • 대**家**족

할아버지 할머니부터 손자들까지 많은 식구가 같이 살던 대가족, 아빠 엄마와 자녀들로 구성된 핵가족 시대를 지나 이제는 가족 구성원이 한 사람인 1인 가구가 늘어나고 있다. 혼자 사는 사람들이 늘어나면서 가구나 가전도 1인 가구에 어울리는 제품이 다양하게 출시되고 있다.

QUIZ 다음 중 '집 가'가 쓰이지 않은 단어를 찾아 동그라미를 치세요.

귀가	건축가	핵가족	가계부	가격	대가족

오늘 배울 국어 **속** 한자

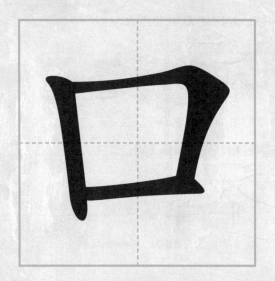

입 구

부수 口 I 총 3획

口가 들어간 단어는 주로 신체 기관인 '입'과 관련된 뜻을 나타냅니다.

'항口', '탑승口'처럼 신체 기관을 일컫는 말이 아닐 때도 口를 쓰는 경우가 있습니다. 왜일까요? 입은 우리 몸속으로 음식이 들어오는 통로 역할을 합니다. 마찬가지로 '항口', '탑승口'도 '배가 항으로 들어오거나 사람이 탈것 등으로 들어가는 통로'를 입에 빗대어 표현한 것이지요.

한자 따라 쓰기 1 순서에 맞게 다음 한자를 써 보세요.

口 口 口

한자 구별하기 2 다음 중 '입 구'를 찾아 동그라미를 치세요.

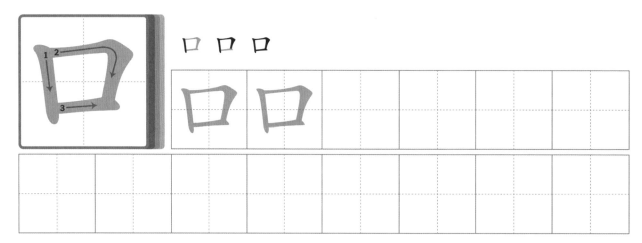

✔ 들어가는 통로를 뜻하는 말은?

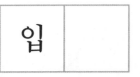

✔ 비상시에 사용하는 출입구를 뜻하는 말은?

비 | 상 |

✔ 한 집에서 함께 살면서 밥을 같이 먹는 사람을
이르는 말은?

식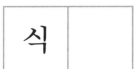

✔ 배가 드나들도록 물가에 만든 시설을 뜻하는 말은?

항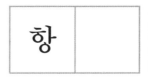

한자 연결하기 **4** 각 뜻풀이를 읽고 알맞은 단어를 찾아 바르게 연결해 보세요.

밖으로 나갈 수 있는 **통로**   •   • 口술

세상 사람들의 **입**, 사람의 수   •   • 인口

문서가 아닌 **입**으로 말함   •   • 출口

귀 · 눈 · **입** · 코를
아울러 이르는 말   •   • 口취

입에서 나는 좋지 않은 냄새   •   • 이口동성

입은 다르나 목소리는 같음,
여러 사람의 말이 모두 같음   •   • 이목口비

국어 **속** 한자 찾기 **5** 다음 글을 읽고 '입 구'가 들어간 우리말에 동그라미를 치세요.

우리는 태릉입구역 6번 출구로 나와 서울생활사박물관에 도착했다. 선생님의 안내로 1층부터 4층까
지 차례대로 전시를 관람했다. 3층에서 '제1회 총인구조사 기념 재떨이'가 눈에 띄었다. 인구조사 기
념으로 재떨이를 만들었다니! 관람을 마치고 우리는 '서울의 옛 모습을 생생하게 볼 수 있었다'며 이
구동성으로 좋아했다.

 QUIZ 다음 중 '입 구'가 쓰이지 않은 단어를 찾아 동그라미를 치세요.

항구   식구   구술   구취   이목구비   구입

131

1 〈보기〉에서 각 빈칸에 알맞은 한자와 뜻을 찾아 써 보세요.

보기
母 | 白 | 數 | 男 | 算 | 軍 | 弟 | 家 | 女 | 兄
사람 인 | 기 기 | 올 래 | 골 동, 밝을 통 | 푸를 청 | 바깥 외 | 아버지 부 | 입 구 | 아들 자 | 수풀 림

	人		父	靑	外
군사 **군**		형 **형**	아우 **제**	어머니 **모**	흰 **백**	여자 **녀**

子	旗	林	來		洞	口
	사내 **남**			셈 **산**	셈 **수**	집 **가**

2 각 한자의 틀린 부분을 찾아 바르게 고쳐 써 보세요.

軍	火	見	弟	乂	母	靑	日	夘	女
군사 **군**	사람 **인**	형 **형**	아우 **제**	아버지 **부**	어머니 **모**	푸를 **청**	흰 **백**	바깥 **외**	여자 **녀**

了	男	旗	朩	夾	鼻	婁	洞	豖	囚
아들 **자**	사내 **남**	기 **기**	수풀 **림**	올 **래**	셈 **산**	셈 **수**	골동, 밝을**통**	집 **가**	입 **구**

3 각 빈칸에 알맞은 한자와 뜻을 써 보세요.

軍		兄	弟		母		白		女
	사람 **인**			아버지 **부**		푸를 **청**		바깥 **외**	

	男			算	數		家	
아들 **자**		기 **기**	수풀 **림**	올 래		골동, 밝을 **통**		입 **구**

4~5 다음 글을 읽고 문제에 답하세요.

　❶ **남자**와 ❷ **여자**가 결혼하면 혼인 관계가 되고, 부부가 ❸ **자녀**를 낳으면 ❹ **부모**와 자녀는 혈연 관계가 된다. 보통 가족은 이 두 관계에 있는 사람들의 집단을 가리킨다.

　부모와 자녀만 있는 가족을 핵가족이라 하고, 할아버지, 할머니, 큰아빠·작은아빠 부부, 고모·이모 부부, 사촌 등 여러 ㉠ **사람**이 한 ㉡ **집**에 사는 가족을 대가족이라고 한다. 부모님 중 한 분이 돌아가 시거나, 부모님이 이혼한 경우에는 한부모 가족이 되기도 하고, 한부모 가족의 아빠나 엄마가 다른 사 람과 결혼을 하면 새로운 가족이 만들어지기도 한다. 이 ㉢ **밖**에 혼인 관계나 혈연관계가 아닌 사람들 이 모여 가족으로 살아가는 경우도 있다.

4 글 중 ❶ ~ ❹에 해당하는 우리말을 한자로 써 보세요.

❶ _____　　　❷ _____　　　❸ _____　　　❹ _____

5 다음 중 ㉠ - ㉡ - ㉢의 뜻을 가진 한자를 골라 보세요.

① 人 - 家 - 算　　② 軍 - 家 - 來　　③ 兄 - 家 - 外　　④ 人 - 家 - 外

오늘 배울 국어 **속** 한자

노래 **가**

부수 欠 | 총 14획

歌가 들어간 단어는 '노래'와 관련한 뜻을 나타냅니다.

　우리나라 고유의 민속악인 '심청歌, 흥부歌' 등은 판소리라고 하는데 왜 '노래 **가**'가 쓰였을까요? 판소리는 긴 이야기를 북장단에 맞춰 노래처럼 풀어내는 창극입니다. 판소리의 소리는 '노래'라고 부르지요. 그래서 창을 하는 사람을 '歌수'가 아닌 소리꾼이라고 부릅니다. 대중가요나 성악 등 서양식 노래와는 다르지만, 판소리도 엄연히 우리나라 고유의 노래랍니다.

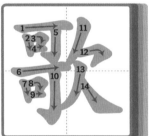 **한자 따라 쓰기** 1 순서에 맞게 다음 한자를 써 보세요.

歌 歌 歌 歌 歌 歌 歌 歌 歌 歌 歌 歌 歌 歌

歌 歌

한자 구별하기 2 다음 중 '노래 가'를 찾아 동그라미를 치세요.

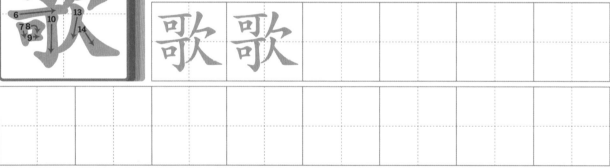 渴 戱 歌 欥 歐 歇

✔ 노래 부르는 것이 직업인 사람을 뜻하는 말은?

✔ 많은 사람들이 즐겨 부르는 노래를 이르는 말은?

✔ 어린아이를 재울 때 부르는 노래를 뜻하는 말은?

✔ 나라를 사랑하는 마음을 일깨우고 다짐하기 위해 국민이 부르는 노래를 뜻하는 말은?

한자 연결하기 **4** 각 뜻풀이를 읽고 알맞은 단어를 찾아 바르게 연결해 보세요.

시에 곡을 붙인 서양식 **노래**　　•　　　　•　**군歌**

노랫말　　•　　　　•　**歌사**

군대의 사기를 북돋우기 위해
만들어진 **노래**　　•　　　　•　**歌곡**

축하하기 위해 부르는 **노래**　　•　　　　•　**歌무**

어느 한 시기에 유행하는 **노래**　　•　　　　•　유행**歌**

노래와 춤　　•　　　　•　축**歌**

국어 속 한자 찾기 **5** 다음 글을 읽고 '노래 가'가 들어간 우리말에 동그라미를 치세요.

노래에는 여러 가지 기능이 있다. 군가, 애국가처럼 공동체 의식을 높이거나, 가요처럼 즐거움과 위로를 주기도 하고, 축가, 자장가처럼 특정한 목적을 위해 부르는 경우도 있다.
가곡이나 오페라를 부르는 사람을 성악가라고 하고, 대중가요를 부르는 사람을 가수라고 하여 구분하기도 한다.

QUIZ　　다음 중 '노래 가'가 쓰이지 않은 단어를 찾아 동그라미를 치세요.

가사　　　가요　　　가무　　　평가　　　유행가　　　가곡

손 **수**

부수 手 | 총 4획

🐻 오늘 배울 국어 **속** 한자

手가 들어간 단어의 뜻은 주로 '손'과 관련이 있습니다.

노래 부르는 것이 직업인 '가手', 나무로 집 등을 짓는 것이 직업인 '목手'에도 手가 쓰입니다. 왜일까요? 손은 가장 많이 움직이는 신체 부위 중 하나로 다양한 도구처럼 쓰여 많은 일을 해냅니다. 그래서 手에 '~을 잘하는 사람'이라는 뜻이 생기게 된 것이지요.

한자 따라 쓰기 **1** 순서에 맞게 다음 한자를 써 보세요.

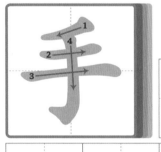

手 手 手 手

手 手

한자 구별하기 **2** 다음 중 '손 수'를 찾아 동그라미를 치세요.

牛　午　壬　丰　手　乎

✔ 손에 들고 다니는 작은 공책을 뜻하는 말은?

	첩

✔ 두 손뼉을 마주 침을 뜻하는 말은?

박	

✔ 경찰이 범인을 검거할 때 양 손목에 채우는 형벌 기구를 뜻하는 말은?

	갑

✔ 손의 물기를 닦는 천을 뜻하는 말은?

	건

한자 연결하기 4 각 뜻풀이를 읽고 알맞은 단어를 찾아 바르게 연결해 보세요.

손으로 만듦 •   • 手동

사람 손의 힘만으로 움직임 •   • 手공

손으로 하는
비교적 간단한 공예 •   • 手제

기술이나 능력이
매우 뛰어난 사람 •   • 手기

어떤 일에 손을 대어 시작함 •   • 착手

글을 자기 손으로 직접 씀 •   • 고手

국어 속 한자 찾기 5 다음 글을 읽고 '손 수'가 들어간 우리말에 동그라미를 치세요.

공장에서는 평균적인 발 모양을 정해 구두를 만들지만, 수제 구두는 맞춤 제작이 가능하다. 30년간 수공으로 구두를 제작해 온 수제 구두의 고수 최 장인은 일에 착수하면 일단 고객의 발을 손으로 만지면서 모양을 측정한다. 최 장인에게 손의 감각은 어떤 자동화 기계보다 믿음직스럽다. 그의 구두를 신어본 고객들은 누구나 최 장인의 솜씨에 박수를 아끼지 않는다.

QUIZ 다음 중 '손 수'가 쓰이지 않은 단어를 찾아 동그라미를 치세요.

박수	수첩	수기	수갑	수업	수건

발 족

부수 足 | 총 7획

 오늘 배울 **국어 속** 한자

足은 본래 '발'을 뜻하지만 '넉넉하다', '충분하다'라는 뜻으로도 쓰입니다.

'넉넉하여 모자람이 없다'를 뜻하는 '풍足'과 그 반대말인 '부足' 둘 다 '발 족'이 쓰입니다. '발'과 '넉넉하다'는 어떤 관련이 있는 걸까요? 우리말에 '발붙이다'라는 표현이 있습니다. 사람이 땅에 발을 붙이고 살아가듯 '(어디에) 의지하거나 기반으로 삼다'라는 의미를 나타내지요. 이처럼 발은 사람이 땅을 디디고 서는 데 꼭 필요한 신체 부위입니다. 어떤 것의 뿌리나 근본, 기반인 셈이지요. 또한 이런 발을 디딜 기반은 넉넉하고 충분해야 흔들림 없이 서 있을 수 있으므로 足을 쓴 것입니다.

한자 따라 쓰기 **1** 순서에 맞게 다음 한자를 써 보세요.

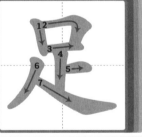

足 足 足 足 足 足 足

足	足				

한자 구별하기 **2** 다음 중 '발 족'을 찾아 동그라미를 치세요.

兄　吊　足　冗　走　定

✔ 발로 공을 차서 네트를 넘기는 경기를 이르는 말은?

✔ 죄인의 발목에 채우던 쇠사슬을 이르는 말은?

	쇄

✔ 발로 밟고 지나갈 때 남는 흔적을 이르는 말은?

	적

✔ 모자람 없이 마음에 흡족한 것을 뜻하는 말은?

만	

손과 **발** • • 실**足**

발을 헛디딤 • • 수**足**

기준에 미치지 못해 **충분하지** 않음 • • 부**足**

스스로 **넉넉함**을 느낌, 스스로 만족함 • • 흡**足**

조건에 모자람 없이 **넉넉하여** 만족함 • • 자**足**

발이 없는 사람에게 인공으로 만들어 붙이는 **발** • • 의**足**

민우는 3학년 때 축구를 하다가 우연히 족구팀 감독님의 눈에 띄어 족구 선수가 되었다. 4학년이 되자 감독님은 민우의 실력에 만족하며 주전 선수로 선발했다. 하지만 민우는 자족하지 않고 연습 시간을 늘려 부족했던 수비 기술을 익혔다. 다음 해 신문에는 전국 초등학교 족구 대회 우승 소식과 함께 의족을 한 민우의 사진이 커다랗게 실렸다.

QUIZ 다음 중 '발 족'이 쓰이지 않은 단어를 찾아 동그라미를 치세요.

흡족	자족	귀족	의족	족쇄	수족

姓

성씨 성

부수 女 | 총 8획

 오늘 배울 국어 속 한자

姓이 들어간 단어는 '성씨', '백성'과 관련된 뜻을 나타냅니다.

'姓명'은 '성씨와 이름'을 일컫는 말이지요? 요즘은 양성평등을 지향해 부모 양측의 성씨를 모두 쓰는 경우가 많아졌지만, 이전에는 아버지의 성을 따르는 것이 일반적이었습니다. 그런데 姓에는 왜 '女(여자 녀)' 부수가 들어간 걸까요? 여기서 女는 '어머니'를 의미합니다. 아버지 성을 따르던 관습이 생기기 이전, 어머니의 성을 따르던 때에 만들어진 한자이기 때문이지요.

한자 따라 쓰기 1 순서에 맞게 다음 한자를 써 보세요.

姓 姓 姓 姓 姓 姓 姓 姓

姓	姓						

한자 구별하기 2 다음 중 '성씨 성'을 찾아 동그라미를 치세요.

奸　妌　姓　性　柱　牲

✔ 관직(역임)이 없는 일반 국민을 예스럽게 이르는 말은?

백	

✔ 성씨가 같은 사람들을 뜻하는 말은?

동	

홍길동
홍두깨

✔ 성을 높여 부르는 말은?

	씨

✔ 성씨와 이름을 아울러 이르는 말은?

	명

한자 연결하기 **4** 각 뜻풀이를 읽고 알맞은 단어를 찾아 바르게 연결해 보세요.

나라 안 모든 **백성** ·   · 집**姓**촌

성과 이름을 높여 부르는 말 ·   · **姓**함

같은 **성**을 가진 사람들이
모여 사는 마을 ·   · 만백**姓**

성과 본관이 모두 같음 ·   · 삼**姓**혈

제주도 세 **성씨**가 나왔다는
큰 구멍 ·   · 동**姓**동본

처음 인사할 때
서로 **성**과 이름을 알려줌 ·   · 통**姓**명

국어 속 한자 찾기 **5** 다음 글을 읽고 '성씨 성'이 들어간 우리말에 동그라미를 치세요.

백성이 없는 탐라는 고요했다. 하늘에서 세 줄기 빛이 내려오자 땅에 세 개의 구멍이 뚫리고 거기에서 세 신인이 솟아났다. 만백성을 다스리기 위해 하늘의 명을 받고 태어난 '양을나, 고을나, 부을나'였다. 이들은 동쪽에서 온 세 왕녀와 혼인하고 탐라국을 세웠다. 세 구멍은 '삼성혈'이라 이름 지어졌고, 세 신인은 제주도 세 성씨인 양씨, 고씨, 부씨의 시조가 되었다.

QUIZ 다음 중 '성씨 성'이 쓰이지 않은 단어를 찾아 동그라미를 치세요.

만백성	집성촌	통성명	성명	동성	성인

 오늘 배울 국어 속 한자

名은 '이름'을 뜻합니다. 그래서 名이 들어간 단어는 '이름나다', '훌륭하다'라는 뜻과 관련이 있습니다.

'유名'의 '유'는 '있다', '名'은 '이름'을 뜻합니다. 그럼 '유名'은 '이름이 있다'는 뜻일까요? 세상에 이름은 무수히 많지만 모든 이름이 '유名'한 건 아니지요. '유名'은 '훌륭해서 세상에 이름이 널리 알려져 있다'를 뜻합니다. 여기서 名은 '이름'이 아닌 '이름나다, 훌륭하다'를 뜻한답니다.

이름 **명**

부수 口 ㅣ 총 6획

한자 따라 쓰기 **1** 순서에 맞게 다음 한자를 써 보세요.

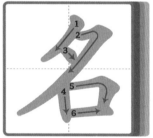

名 名 名 名 名 名

名	名					

한자 구별하기 **2** 다음 중 '이름 명'을 찾아 동그라미를 치세요.

злρ 各 各 名 佲 召

✔ 자기 이름을 써넣는 것을 뜻하는 말은?

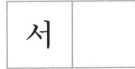

서 [ ]

✔ 성과 이름을 이르는 말은?

성 [ ]

홍 길 동

✔ 이름을 적어서 달고 다니는 것을 이르는 말은?

[ ] 찰

✔ 이름난 작품을 뜻하는 말은?

[ ] 작

한자 연결하기 **4** 각 뜻풀이를 읽고 알맞은 단어를 찾아 바르게 연결해 보세요.

이름을 적은 문서 • • 별**名**

특징을 표현하여
따로 부르는 **이름** • • **名**배우

훌륭한 연기로 **이름난** 배우 • • **名**단

널리 알려진 **훌륭한** 말 • • **名**성

사물의 **이름**을 나타내는 품사 • • **名**언

세상에 널리 알려진 **이름** • • **名**사

국어 **속** 한자 찾기 **5** 다음 글을 읽고 '이름 명'이 들어간 우리말에 동그라미를 치세요.

합격자 명단에 그의 성명이 들어있었다. 14세 소년 파블로 피카소는 남들이 한 달 걸린 로잔 미술학교 입학 과제를 단 하루 만에 완성한 것으로 유명하다. 그는 다양한 화풍으로 수많은 명작을 남겼다. 인류 역사상 가장 명성이 높은 화가 셋을 꼽는다면 그 중 한 명은 마땅히 피카소가 될 것이다.

QUIZ

다음 중 '이름 명'이 쓰이지 않은 단어를 찾아 동그라미를 치세요.

별명   서명   명사   명찰   명언   설명

오늘 배울 국어 **속** 한자

農은 '농사', '농부', '농사짓다'를 뜻하므로 주로 '농업'이나 '농민'과 관련된 뜻을 나타냅니다.

조선 시대에 '사農공상'이라는 말이 있었습니다. 선비인 사(士), 농부의 농(農), 장인의 공(工), 상인의 상(商) 순으로 직업의 귀천을 따져 신분을 구분하는 말이었지요. 세상에 귀한 일과 천한 일은 따로 없습니다. 온갖 노력을 기울여 어렵게 성취한 직업은 저마다 귀하고 소중하지요.

농사 **농**

부수 辰 | 총 13획

한자 따라 쓰기 *1* 순서에 맞게 다음 한자를 써 보세요.

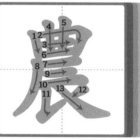

農農農農農農農農農農農農農

農	農					

한자 구별하기 *2* 다음 중 '농사 농'을 찾아 동그라미를 치세요.

晨　農　裊　裏　裹　褒

✔ 곡식, 과일 등을 심어 기르는 일을 뜻하는 말은?

 사

✔ 농사짓는 것을 직업으로 하는 사람을 이르는 말은?

 부

✔ 농작물에 해로운 병균, 벌레 등을 없애는 약품을 뜻하는 말은?

 약

✔ 농부들이 즐기는 민속 음악을 뜻하는 말은?

악

한자 연결하기 4 각 뜻풀이를 읽고 알맞은 단어를 찾아 바르게 연결해 보세요.

농사짓는 사람들이 사는 마을 • • 農촌

농사를 지어 생산하는 분야 • • 農장

농사지을 땅과 여러 시설을 갖춘 곳 • • 農업

논밭을 갈아 **농사**를 지음 • • 農산물

농사를 지어 생산한 물건 • • 農경

농사로 논밭에 심어서 가꾸는 식물 • • 農작물

국어 속 한자 찾기 5 다음 글을 읽고 '농사 농'이 들어간 우리말에 동그라미를 치세요.

오랜 농경 사회인 우리나라에서는 예로부터 '농자천하지대본(農者天下之大本)'이라는 말이 있었다. 농사는 하늘 아래 살아가는 큰 근본이라는 뜻으로, 농업의 중요성을 강조한 말이다. 풍년은 농사가 잘되어 농산물 수확이 풍요로운 해이고, 흉년은 여러 요인으로 농작물이 잘 자라지 않아 빈곤한 해를 이른다. 지금도 농업은 여전히 우리나라의 중요한 산업이다.

 QUIZ 다음 중 '농사 농'이 쓰이지 않은 단어를 찾아 동그라미를 치세요.

| 농촌 | 농장 | 농부 | 농담 | 농사 | 농악 |

오늘 배울 국어 **속** 한자

일 **사**

부수 亅 | 총 8획

事는 '일'을 뜻합니다. 그래서 事가 들어간 단어는 대부분 직무와 관련해 처리해야 할 '일'을 나타냅니다.

事는 '섬기다'를 뜻할 때도 있습니다. 가령 '事대주의'는 세력이 강한 나라를 섬기고 따르는 태도를 가리킵니다. 조선 시대에는 양반 계층 사이에서 중국을 세계의 중심으로 보는 사대주의가 만연하기도 했습니다. 요즘에는 서구의 생활 양식을 무비판적으로 따르는 서구식 문화 사대주의 현상이 문제로 떠오르고 있지요.

한자 따라 쓰기 1 순서에 맞게 다음 한자를 써 보세요.

事 事 事 事 事 事 事 事

事	事				

한자 구별하기 2 다음 중 '일 사'를 찾아 동그라미를 치세요.

事　事　革　革　重　董

✔ 일정한 시간에 음식을 먹는 일을 뜻하는 말은?

식

✔ 예상하지 못하게 일어난 좋지 않은 일을 뜻하는 말은?

고

✔ 많은 사람이 계획을 가지고 정해진 절차에 따라 어떤 일을 시행하는 것을 뜻하는 말은?

행

✔ 축하할 만한 기쁘고 좋은 일을 뜻하는 말은?

경

한자 연결하기 4 각 뜻풀이를 읽고 알맞은 단어를 찾아 바르게 연결해 보세요.

곡식이나 채소 등을 심고 기르고 거두는 **일**   •   • 만**事**

여러 가지 온갖 많은 **일**   •   • **事**실

실제로 있었던 **일**이나 현재 일어나는 **일**   •   • 농**事**

비참하고 끔찍한 **일**   •   • 참**事**

관심이나 주목을 끌 만한 **일**   •   • **事**태

일이 되어 가는 상황이나 벌어진 **일**의 상태   •   • **事**건

국어 속 한자 찾기 5 다음 글을 읽고 '일 사'가 들어간 우리말에 동그라미를 치세요.

신문, 잡지, 인터넷, 방송 등의 매체를 통해 사회에서 일어난 사건이나 사태를 알리고 여론을 형성해 가는 기관을 언론 기관이라고 한다. 언론 기관은 사회의 경사스러운 일이나 각종 행사들도 알리지만 크고 작은 사고나 비극적인 참사 등도 사실에 바탕을 두어 국민에게 알릴 의무가 있다.

 QUIZ 다음 중 '일 사'가 쓰이지 않은 단어를 찾아 동그라미를 치세요.

| 만사 | 경사 | 사실 | 역사 | 농사 | 사태 |

오늘 배울 국어 **속** 한자

夫는 '남편'을 뜻합니다. 이외에 '남자', '~을 일로 하는 사람'을 뜻하기도 하지요.

'공夫'의 '공'은 물건을 만드는 '장인'을 말하고, '夫'는 '일 하는 사람'을 뜻합니다. 이를 그대로 풀면 '최선을 다해 어떤 것을 만드는 사람'을 의미하지요. 장인은 오랜 세월 자신의 기술을 갈고 닦아 그 일에 전문가가 된 사람을 말하지요? 그래서 '공夫'는 '최선을 다한 뒤에 얻은 것'을 뜻합니다. 결국 공부는 '최선을 다하는 것, 노력 그 자체'인 것 이지요.

지아비 **부**

부수 大 l 총 4획

한자 따라 쓰기 **1** 순서에 맞게 다음 한자를 써 보세요.

夫 夫 夫 夫

夫	夫				

한자 구별하기 **2** 다음 중 '지아비 부'를 찾아 동그라미를 치세요.

大 天 井 开 夫 失

✔ 학문이나 기술을 익히기 위해 최선을 다하는 것을 뜻하는 말은?

공

✔ 고기잡이를 직업으로 하는 사람을 이르는 말은?

어

✔ 광물을 캐는 일을 직업으로 하는 사람을 이르는 말은?

광

✔ 농사짓는 일을 직업으로 하는 사람을 이르는 말은?

농

한자 연결하기 4 각 뜻풀이를 읽고 알맞은 단어를 찾아 바르게 연결해 보세요.

남편이 있는 여자   •   • 잠수**夫**

남자처럼 씩씩하고 강한 여자   •   • 여장**夫**

물속에서의 작업을 **일로 하는 사람**   •   • 유**夫**녀

배달하는 **일을 하는 사람**   •   • 대장**夫**

육체**노동을 하는 사람**   •   • 배달**夫**

건강하고 씩씩한 **남자**   •   • 인**夫**

국어 속 한자 찾기 5 다음 글을 읽고 '지아비 부'가 들어간 우리말에 동그라미를 치세요.

사람이 사는 곳 어디에나 육체노동을 하는 사람들이 있다. 도시에는 공사 현장의 인부와 배달 음식점의 배달부가 있다. 농촌에서는 농부가 농사를 짓고, 산촌에서는 광부가 광물을 캐고, 어촌에서는 어부가 물고기를 잡는다. 제주도에서 잠수부는 주로 여자들의 몫이다. 제주 해녀들은 생활력이 강한 여장부로 유명하다.

QUIZ 다음 중 '지아비 부'가 쓰이지 않은 단어를 찾아 동그라미를 치세요.

유부녀   인부   공부   피부   잠수부   대장부

 오늘 배울 국어 **속** 한자

食이 들어간 단어는 '먹다', '음식'과 관련한 뜻을 나타냅니다.

'밥/먹을 **식**'과 '입 구(口)'를 쓴 '食구'는 '먹는 입'이라는 뜻일까요? 아닙니다. '한 지붕 밑에서 같이 살며 밥을 함께 먹는 사람'을 일컫는 말이지요. 옛날에는 음식이 귀했기 때문에 끼니를 함께하는 일의 의미가 남달랐습니다. '食구'는 '가족'과 달리 꼭 피를 나눈 사이를 뜻하지는 않지만, 서로의 끼니를 챙기고 함께 밥을 먹는 사이인 만큼 애틋하고 친밀한 가족 관계나 다름없었지요.

밥/먹을 **식**

부수 食 ㅣ 총 9획

한자 따라 쓰기 **1** 순서에 맞게 다음 한자를 써 보세요.

食食食食食食食食食

食	食				

한자 구별하기 **2** 다음 중 '밥/먹을 식'을 찾아 동그라미를 치세요.

良 倉 盒 釜 食 貪

✔ 사람이 먹거나 마시는 모든 것을 뜻하는 말은?

음	

✔ 음식을 만들어 파는 가게를 뜻하는 말은?

	당

✔ 음식물을 먹으면 입에서 위까지 보내 주는 길을 뜻하는 말은?

	도

✔ 학교나 회사에서 제공하는 음식 또는 그 식사를 이르는 말은?

급	

사람이 **먹는** 모든 **음식물** • • **食**사

밖에서 사 **먹음** 또는 그 **음식** • • 외**食**

끼니로 **음식**을 먹는 것 또는 그 먹은 **음식** • • **食**품

지나치게 많이 **먹음** • • **食**량

사람이 살아가는 데 필요한 **음식** • • **食**단

먹을 음식의 종류를 짜 놓은 계획표 • • 과**食**

학생들의 건강이 식사 습관에 의해 위협받고 있다. 전문가들은 피자, 햄버거 등 칼로리가 높은 패스트푸드, 라면, 햄 등 화학조미료가 많은 즉석 식품, 과도한 육식, 잦은 외식, 과식 등을 주의하라고 지적한다. 몸에 해로운 이들 음식을 하루아침에 끊기는 힘들겠지만, 서서히 줄여가면서 식단을 건강하게 바꿔 가려는 노력이 필요하다.

QUIZ 다음 중 '밥/먹을 식'이 쓰이지 않은 단어를 찾아 동그라미를 치세요.

급식	과식	식당	식물	식도	식량

오늘 배울 국어 속 한자

마을 **리(이)**

부수 里 | 총 7획

里는 '마을'을 뜻합니다. 이외에 '거리', '리(거리 단위, 10里는 약 4km)'를 뜻하기도 하지요.

도로에서 흔히 볼 수 있는 표지판인 '里정표'에도 里가 쓰입니다. 여기서 里는 '십리, 백리'에서처럼 숫자 뒤에 쓰여 거리를 나타내는 단위를 말하고, '里정'은 '里의 정도', 즉 '한 곳에서 다른 곳까지 몇 리인지'를 나타낸 길의 거리를 뜻하지요. 따라서 '里정표'는 특정 지점까지의 거리나 방향을 표시해 도로에 세워 둔 표지판을 말합니다.

한자 따라 쓰기 **1** 순서에 맞게 다음 한자를 써 보세요.

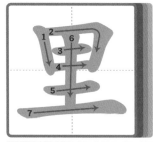

里 里 里 里 里 里 里

里	里					

한자 구별하기 **2** 다음 중 '마을 리'를 찾아 동그라미를 치세요.

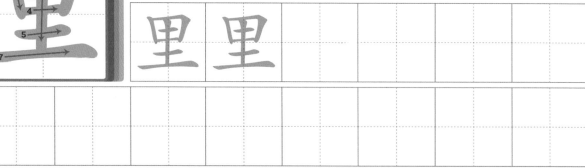

呈 里 呈 星 早 車

✔ 도로에서 거리를 알려주는 표지를 뜻하는 말은?

	정	표

✔ 하루에 천 리를 달릴 수 있는 좋은 말을 이르는 말은?

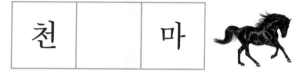

천		마

✔ 천 리의 열 배로 아주 먼 거리를 이르는 말은?

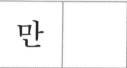 

만	

✔ 행정구역 단위인 '리'의 대표를 이르는 말은?

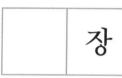

	장

한자 연결하기 4 각 뜻풀이를 읽고 알맞은 단어를 찾아 바르게 연결해 보세요.

아득히 먼 **거리** · · 천**里**안

천 **리**를 내다보는 눈,
사물을 꿰뚫어 보는 관찰력 · · 구만**里**

강물이 빨리 흘러 천 **리**를 감,
어떤 일이 빨리 진행됨 · · 일사천**里**

아주 먼 **거리**의 다른 나라 · · 삼천**里**

바다에서 쓰는 **거리**의 단위 · · 이역만**里**

국토가 삼천 **리** 정도 된다하여,
우리나라를 비유적으로 이르는 말 · · 해**里**

국어 속 한자 찾기 5 다음 글을 읽고 '마을 리'가 들어간 우리말에 동그라미를 치세요.

천 리나 만 리는 아주 먼 거리를 말한다. 천리마는 하루에 천 리를 달릴 수 있는 아주 빠르고 좋은 말이고, 일사천리는 물이 한번 흐르면 천 리를 간다는 뜻이다. 만리장성은 중국 북쪽에 있는 아주 긴 성이고, 이역만리는 아주 먼 다른 나라를 가리킨다. 『장자』라는 책에는 붕이라는 새가 구만리 창공으로 올라가 남쪽으로 6개월을 날아가서 쉰다는 이야기가 나오기도 한다.

QUIZ 다음 중 '마을 리'가 쓰이지 않은 단어를 찾아 동그라미를 치세요.

구만리 이정표 천리안 다리 일사천리 이장

153

오늘 배울 국어 **속** 한자

마을 **촌**

부수 木 ㅣ 총 7획

村이 들어간 단어는 '마을'과 관련된 뜻을 나타냅니다. 이 외에 '시골'을 뜻하기도 하지요.

'마을'을 의미하는 또 다른 한자인 里와는 쓰임이 어떻게 다를까요? '왕십里, 독도里'처럼 里는 행정 구역을 나타낼 때 쓰입니다. 반면 村은 '농村, 어村'에서처럼 도시에서 떨어진 시골의 마을을 나타낼 때 쓰이지요.

'세련되지 못하다'라는 의미인 '村스럽다'에서 '村'도 시골을 가리킵니다. 시골을 낮춰 보는 선입견이 담긴 표현으로 볼 수 있지요.

한자 따라 쓰기 **1** 순서에 맞게 다음 한자를 써 보세요.

村 村 村 村 村 村 村

村	村					

한자 구별하기 **2** 다음 중 '마을 촌'을 찾아 동그라미를 치세요.

材　村　杙　杖　枺　杜

✔ 농사짓는 사람들이 사는 마을을 이르는 말은?

농	

✔ 산속에 있는 마을을 이르는 말은?

산	

✔ 어부들이 모여 사는 바닷가 마을을 이르는 말은?

어	

✔ 지구 전체를 한 마을처럼 여겨 이르는 말은?

지	구	

한자 연결하기 **4** 각 뜻풀이를 읽고 알맞은 단어를 찾아 바르게 연결해 보세요.

시골 **마을** • • **村**장

한 **마을**의 대표 • • **村**사람

시골에 사는 사람 • • 향**村**

마을, 주로 시골에서
여러 집이 모여 사는 곳 • • **村**락

선수들이 훈련하며 사는 **마을** • • 민속**村**

전통 민속을 보존하여 옛 모습을
현재까지 간직하고 있는 **마을** • • 선수**村**

국어 **속** 한자 찾기 **5** 다음 글을 읽고 '마을 촌'이 들어간 우리말에 동그라미를 치세요.

촌락에서는 도시와 달리 자연에서 필요한 것을 얻는다. 농촌에서는 논밭을 일구어 농사를 짓고, 산촌에서는 산에서 목재나 약초를 얻고, 어촌에서는 바다에서 고기잡이를 한다. 많은 사람들이 도시 생활을 선호하여 도시 인구가 늘고 촌락 인구는 줄고 있어 문제가 된다. 촌락과 도시는 서로 부족한 것을 채워주며 함께 발전해 나가야 하는 관계이다.

QUIZ 다음 중 '마을 촌'이 쓰이지 않은 단어를 찾아 동그라미를 치세요.

지구촌	사촌	산촌	민속촌	향촌	촌장

오늘 배울 국어 **속** 한자

일백 **백**

부수 白 | 총 6획

百은 숫자 100, '일백'을 뜻하는 한자입니다.

'百 퍼센트', '百 점'의 百은 '가득 찬 수'를 가리킵니다. 11부터 99에 이르는 모든 두 자릿수 끝에 나오기 때문이지요. 그래서 百은 '모든', '여러', '온갖', '많다'라는 뜻을 나타내기도 합니다. 온갖 분야의 지식을 담고 있는 '百과사전'도 그렇게 붙여진 이름이랍니다.

한자 따라 쓰기 1 순서에 맞게 다음 한자를 써 보세요.

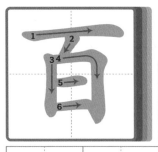

百 百 百 百 百 百

百	百				

한자 구별하기 2 다음 중 '일백 백'을 찾아 동그라미를 치세요.

白 自 巨 亘 百 目

✔ 나라의 근본이 되는 일반 국민을 예스럽게 이르는 말은?

	성

✔ 여러 가지 상품을 판매하는 큰 규모의 상점을 뜻하는 말은?

	화	점

✔ 아이가 태어난 날에서 백 번째 되는 날을 이르는 말은?

	일

✔ 백 살 또는 긴 세월을 뜻하는 말은?

	세

아주 **많이**, 충분히   •   • **百**날

여러 날 동안, 늘 또는 항상   •   • **百**분

온갖 수단과 방법   •   • **百**방

만의 **백** 배, 매우 **많은** 수   •   • **百**전**百**승

한 사람이 **백** 사람을 당해냄, 매우 용감하거나 능력이 **많음**   •   • 일당**百**

수많은 싸움을 **모두** 이김   •   • **百**만

이순신은 백전백승으로 유명한 조선의 장군이다. 임진왜란이 일어나자 임금은 신하들과 도망가버렸다. 이순신 장군은 도탄에 빠져있는 백성을 생각했다. 그는 왜군의 상태를 백방으로 알아보고, 남아있는 12척의 배를 백분 활용하여 일당백의 기세로 적군을 제압했다. 이순신 장군의 명량해전은 세계 해전사에서도 유례를 찾기 힘든 완전무결한 승리였다.

QUIZ 다음 중 '일백 백'이 쓰이지 않은 단어를 찾아 동그라미를 치세요.

| 백날 | 백전백승 | 백만 | 백지 | 백일 | 백화점 |

일천 **천**

부수 十 | 총 3획

🐻 오늘 배울 국어 **속** 한자

千은 숫자 1,000, '일천'을 뜻하는 한자입니다.

千은 백의 열 배이니 '百(일백 백)'과 마찬가지로 '많다'라는 뜻으로도 쓰입니다. 예를 들어 '많은 돈'을 비유적으로 가리키는 표현인 '千금'이나 '곡식 천 석을 수확할 정도로 재산이 많은 부자'를 비유적으로 가리키는 말인 '千석꾼'에서도 千이 쓰이지요.

'아주 오랜 세월'을 뜻하는 '千년', '千추'의 千도 '일천에 이를 정도로 많은'을 뜻합니다. 참고로 '千추'의 '추'는 '해(1년), 세월'을 의미한답니다.

한자 따라 쓰기 **1** 순서에 맞게 다음 한자를 써 보세요.

千 千 千

千 千

한자 구별하기 **2** 다음 중 '일천 천'을 찾아 동그라미를 치세요.

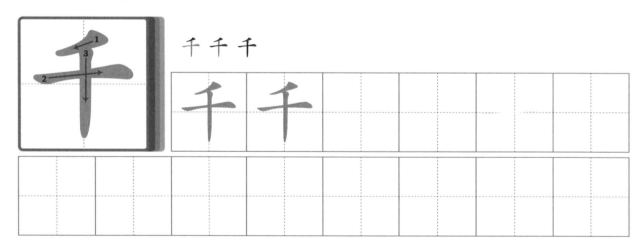

소 壬 午 千 千 车

✔ 엽전 천 냥, 많은 돈을 뜻하는 말은?

	금

✔ 아주 오랜 세월을 뜻하는 말은?

	년

✔ 백 리의 열 배, 매우 먼 거리를 이르는 말은?

	리

✔ 천 글자로 된 한문 교재를 이르는 말은?

	자	문

한자 연결하기 4 각 뜻풀이를 읽고 알맞은 단어를 찾아 바르게 연결해 보세요.

아주 **오랜** 세월, 아주 먼 옛적 •   • 수千

천의 여러 배가 되는 수 •   • 千석꾼

곡식 **천** 석을 거둘 만큼
땅과 재산을 많이 가진 부자 •   • 千고

오래고 긴 세월, 아주 먼 미래 •   • 千만

만의 **천** 배,
천이나 만, 아주 많은 수 •   • 千리안

천 리를 내다보는 눈,
사물을 꿰뚫어 보는 능력 •   • 千추

국어 속 한자 찾기 5 다음 글을 읽고 '일천 천'이 들어간 우리말에 동그라미를 치세요.

다다익선은 많으면 많을수록 좋다는 말이다. 누구나 백금보다 천금을, 백만 원보다 천만 원을 더 좋아한다. 천석꾼은 만석꾼이 되기를 바라고, 만석꾼은 더 큰 부자가 되고 싶어 한다. 하지만 '천석꾼에 천 가지 걱정, 만석꾼에 만 가지 걱정'이라는 속담이 있다. 많이 가진 사람은 그만큼 걱정거리가 많다는 뜻이다. 걱정의 원인은 무엇일까? 바로 끝없는 욕망이다.

QUIZ 다음 중 '일천 천'이 쓰이지 않은 단어를 찾아 동그라미를 치세요.

천자문   천석꾼   천리   천사   천고   천리안

오늘 배울 국어 **속** 한자

있을 **유**

부수 月 | 총 6획

有는 '있다', '존재하다', '가지다'를 뜻하는 한자입니다.

有는 '有식하다', '有력하다'에서처럼 '많다'라는 뜻으로도 쓰입니다. '有식하다'는 그저 '아는 것이 있다'를 뜻하는 말이 아니라 '아는 것이 많다'는 의미를 나타내지요. '有력하다'도 단순히 '힘이 있다'라는 말이라기보다 '힘이나 가능성이 많다'라는 뜻을 지닙니다.

한자 따라 쓰기 **1** 순서에 맞게 다음 한자를 써 보세요.

有 有 有 有 有 有

有	有					

한자 구별하기 **2** 다음 중 '있을 유'를 찾아 동그라미를 치세요.

旬　冐　有　肖　盾　香

✔ 요금이 있다는 뜻으로 무료의 반대말은?

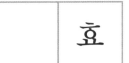 료

✔ 설치된 전선을 통한 방송이나 통신 방법을 뜻하는 말은?

선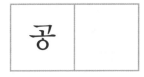

✔ 효력이나 효과가 있음을 뜻하는 말은?

효

✔ 두 사람 이상이 어떤 것을 함께 가지고 있음을 뜻하는 말은?

공

해로움이 **있음** • • **有**능

배워서 아는 것이 **많음** • • **有**식

남들보다 잘하는 능력이 **있음** • • **有**해

죄가 **있음** • • **有**리

이익이 **있음** • • 소**有**

가지고 있음 또는 그 물건 • • **有**죄

컴퓨터 프로그램을 사용하거나 온라인에서 영상을 보려면 비용을 내야 한다. 요즘은 공유 사이트에서 유료인 영상, 음원, 프로그램 파일이 무료로 유통되기도 하지만 엄연한 불법 행위이다. 정당한 사용료를 지불해야 유능한 창작자들이 더 좋은 콘텐츠를 개발할 수 있는 기반이 마련된다. 일부 공유자들은 유해한 코드를 심은 파일을 유통하기도 해 주의가 필요하다.

 다음 중 '있을 유'가 쓰이지 않은 단어를 찾아 동그라미를 치세요.

유료   유식   유행   유효   공유   소유

오늘 배울 국어 **속** 한자

기록할 **기**

부수 言 | 총 10획

記는 '기록하다'를 뜻하지만, '쓰다', '적다', '외우다'라는 뜻으로도 쓰입니다.

'머릿속에 새겨 두었다가 다시 생각해 내다'라는 뜻의 '記억하다'에서도 記가 쓰입니다. 왜 '記억'과 '記록'에는 똑같이 記가 쓰인 걸까요? 어떤 것을 두고두고 보려고 종이에 써 두는 '記록'처럼 '記억'도 잊지 않으려고 머릿속에 기록해 둔 것을 다시 떠올리는 과정이기 때문이지요.

한자 따라 쓰기 *1* 순서에 맞게 다음 한자를 써 보세요.

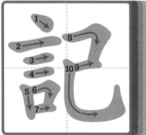

記 記 記 記 記 記 記 記 記 記

記 記

한자 구별하기 *2* 다음 중 '기록할 기'를 찾아 동그라미를 치세요.

訆　記　訨　訑　訪　訐

한자 완성하기 3 각 질문을 읽고 알맞은 한자를 써넣어 단어를 완성해 보세요.

✔ 글씨를 쓰는 것을 뜻하는 말은?

필	

✔ 날마다 그날그날 겪은 일이나 생각 등을 적은 기록을 뜻하는 말은?

일	

✔ 뒤에 남길 목적으로 어떤 사실을 적거나 적은 글을 뜻하는 말은?

	록

✔ 기사를 취재하여 신문이나 잡지에 실을 글을 쓰는 사람을 뜻하는 말은?

	자

한자 연결하기 4 각 뜻풀이를 읽고 알맞은 단어를 찾아 바르게 연결해 보세요.

본문 뒤에 덧붙인 **기록** •   • 記억

지난 일을 잊지 않고
머릿속에 **외워 둠** •   • 후記

사실을 **적음** 또는 신문 등에
실린 어떠한 사실을 알리는 **글** •   • 記사

단체 또는 회의에서
기록하는 일을 맡은 사람 •   • 記호

사실을 **기록한** 글 •   • 記술

어떤 뜻을 나타내기 위해
적은 표시 •   • 서記

국어 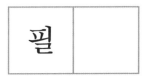한자 찾기 5 다음 글을 읽고 '기록할 기'가 들어간 우리말에 동그라미를 치세요.

신문이나 잡지, 그리고 방송사에서 기자는 사건을 취재하여 기록하고 기사를 쓴다. 취재는 기사의 재료를 모으는 작업이다. 기자는 녹음이나 메모로 취재한 사실을 철저히 기록해야 사실에 근거한 기사를 쓸 수 있다. 단순히 기억에만 의존해서는 안 된다.

다음 중 '기록할 기'가 쓰이지 않은 단어를 찾아 동그라미를 치세요.

후기	기사	필기	태극기	기록	기호

오늘 배울 국어 **속** 한자

每가 들어간 단어는 '매양', '늘', '~마다'라는 뜻과 관련이 있습니다.

每의 훈(뜻)인 '每양'은 무슨 뜻일까요? 여기서 '양'은 '모양'을 뜻하므로 '每양'은 '늘 그 모양으로', 즉 '매번'을 뜻합니다. 그래서 '每년'은 '한 해 한 해, 해마다'를, '每일'은 '하루하루, 날마다'를, '每월'은 '한 달 한 달, 달마다'를 의미하지요.

매양 매

부수 毋 l 총 7획

한자 따라 쓰기 **1** 순서에 맞게 다음 한자를 써 보세요.

每 每 每 每 每 每 每

每	每				

한자 구별하기 **2** 다음 중 '매양 매'를 찾아 동그라미를 치세요.

悔　梅　每　莓　海　侮

✔ 한 해 한 해의 모든 해를 뜻하는 말은?

	년

✔ 한 달 한 달 각각의 모든 달을 뜻하는 말은?

	월

✔ 한 주 한 주의 모든 주를 뜻하는 말은?

	주

✔ 하루하루 각각의 모든 날을 뜻하는 말은?

	일

한자 연결하기 4 각 뜻풀이를 읽고 알맞은 단어를 찾아 바르게 연결해 보세요.

어떤 일이 있을 때**마다** • • **毎**끼

하나하나의 일**마다** • • **毎**사

각각의 끼니**마다** • • **毎**번

한 회 한 회**마다** • • **毎**양

늘 한결같은, 매 때**마다** • • **毎**회

한 시간 한 시간**마다** • • **毎**시간

 국어 속 한자 찾기 5 다음 글을 읽고 '매양 매'가 들어간 우리말에 동그라미를 치세요.

우리의 일상은 같은 일의 반복이다. 매일 학교에서 친구를 만나고, 매주 수업 시간이 정해져 있다. 엄마는 매월 가계부를 정리하고, 우리는 매해 새 학년을 맞이한다. 매번 같은 일이 반복되는 것 같지만 돌아보면 우리는 변화하고 있다. 매끼 식사로 우리 몸은 영양분을 얻고, 매사에 최선을 다하다 보면 우리는 여러 부분에서 성장해 있음을 깨닫는다.

QUIZ 다음 중 '매양 매'가 쓰이지 않은 단어를 찾아 동그라미를 치세요.

매번	매양	남매	매사	매주	매회

오늘 배울 국어 **속** 한자

장인 공

부수 工 | 총 3획

工이 들어간 단어의 뜻은 '장인', '일', '공업', '만들다'와 관련이 있습니다.

'장인'은 본래 목공 장인, 도자기 장인처럼 주로 손으로 물건을 만드는 기술이 뛰어난 사람을 이르는 말로, 일반적으로 오랜 경험과 훈련을 통해 숙련도가 최고의 경지에 오른 공예가를 가리킵니다.

'工부'에도 '장인 **공**'이 쓰입니다. '학문을 익히는 일'이나 '기술을 익히는 일' 모두 한 분야에 정통한 전문가가 되는 과정으로 여겨지기 때문이지요.

한자 따라 쓰기 **1** 순서에 맞게 다음 한자를 써 보세요.

工 工 工

한자 구별하기 **2** 다음 중 '장인 공'을 찾아 동그라미를 치세요.

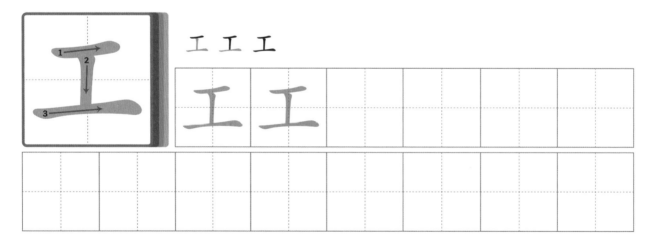

玉　玊　工　干　正　王

✔ 물건을 만들거나 고치는 데 쓰이는 여러가지 기구를
이르는 말은?

	구

✔ 공장에서 기계로 만든 상품을 이르는 말은?

	산	품

✔ 건물을 만드는 일을 뜻하는 말은?

	사

✔ 기술이 능숙한 기술자나 노동자를 뜻하는 말은?

숙	련	

한자 연결하기 **4** 각 뜻풀이를 읽고 알맞은 단어를 찾아 바르게 연결해 보세요.

사람이나 기계로 상품을
만드는 산업　　　　　•　　　•　**工**업

원료나 재료를 가공하여
상품을 **만들어** 내는 곳　•　　　•　**工**장

손과 간단한 도구를 사용하여
상품을 **만드는** 작은 규모의 공업　•　　•　수**工**업

일상생활에 필요한 물건을
예술적 가치가 있게 **만드는** 일　•　　•　수리**工**

기술이 뛰어난 **장인**　　　•　　　•　**工**예

고장 난 것을 고치는
일을 하는 **기술자**　　　•　　•　명**工**

국어 속 한자 찾기 **5** 다음 글을 읽고 '장인 공'이 들어간 우리말에 동그라미를 치세요.

공예나 공업은 둘 다 무언가를 '만드는' 일이지만, 공예는 예술이고 공업은 산업이라는 차이가 있다.
목공예는 나무로 예술 작품을 만드는 일이고, 목공업은 나무로 공산품을 만드는 일이다. 하지만 옛
날에 장인이 다양한 공구를 가지고 수공업으로 만든 것은 공예품이기도 했고 공산품이기도 했다.

QUIZ 다음 중 '장인 공'이 쓰이지 않은 단어를 찾아 동그라미를 치세요.

수공업	공구	주인공	공사	공장	숙련공

오늘 배울 국어 **속** 한자

마당 **장**

부수 土 l 총 12획

場은 원래 '마당'을 뜻하지만 이외에 '곳', 장소'를 뜻하기도 합니다.

연극, 영화, 문학 작품 등에서는 '등場'과 '場면'이라는 말이 흔히 쓰입니다. '등場'은 일정한 역할을 맡은 어떤 인물이 특정한 장소에 나타나는 것을 말하고, '場면'은 벌어지고 있는 어떤 사건의 한 광경을 뜻하지요.

한자 따라 쓰기 *1* 순서에 맞게 다음 한자를 써 보세요.

場 場 場 場 場 場 場 場 場 場 場 場

場	場				

한자 구별하기 *2* 다음 중 '마당 장'을 찾아 동그라미를 치세요.

揭 惕 場 場 錫 塌

3 각 질문을 읽고 알맞은 한자를 써넣어 단어를 완성해 보세요.

✔ 체육, 경기, 놀이 등을 할 수 있도록 기구나 시설을 갖춘 넓은 마당을 뜻하는 말은?

운	동	

✔ 많은 사람이 모일 수 있게 만들어 놓은 넓은 공간을 이르는 말은?

광	

✔ 여러 가지 상품을 사고파는 일정한 장소를 뜻하는 말은?

시	

✔ 어떤 일이 벌어지고 있거나 일어난 곳을 뜻하는 말은?

현	

4 각 뜻풀이를 읽고 알맞은 단어를 찾아 바르게 연결해 보세요.

어떤 **장소**에서 물러남, 등장인물이 **무대** 밖으로 나감 •   • 퇴**場**

어떤 일이나 사건이 이루어지거나 일어나는 **곳** •   • **場**소

여러 사람이 뒤섞여 떠들거나 뒤죽박죽이 된 **곳** •   • 난**場**판

연극, 뮤지컬, 무용 등을 감상하는 **장소** 또는 영화를 볼 수 있는 **곳** •   • 입**場**

시험을 치르는 **장소** •   • 고사**場**

어떤 **장소** 안으로 들어감 •   • 극**場**

5 다음 글을 읽고 '마당 장'이 들어간 우리말에 동그라미를 치세요.

시간과 장소의 제약이 있는 연극에는 '3막 5장'처럼 막과 장이 있다. 1장이 끝나고 무대의 조명이 꺼지면 인물들이 퇴장한다. 장면을 바꾸어 2장이 시작되면 다시 인물이 등장한다. 여러 개의 장이 모이면 막이 된다. 1막이 끝나면 무대의 커튼이 내려오고 무대의 배경이 거의 다 바뀌어 새로운 배경에서 2막이 시작된다. 막이 장보다 더 큰 단위인 것이다.

QUIZ 다음 중 '마당 장'이 쓰이지 않은 단어를 찾아 동그라미를 치세요.

현장	시장	사장	난장판	운동장	광장

오늘 배울 **국어 속 한자**

所

바 소

부수 戶 l 총 8획

所는 '~하는 것', '~하는 곳'을 뜻하는 한자입니다.

所의 훈(뜻)은 '바'입니다. '바'는 '곳'이나 '것'을 가리키는 옛말이지요. 그래서 문맥에 따라 '~하는 곳'이나 '~하는 것' 으로 그때그때 달리 해석할 수 있습니다.

절에서 볼 수 있는 '해우所'는 무엇을 가리킬까요? 바로 '변을 보는 곳'인 '변所', 즉 '화장실'을 말합니다. 용변이 급할 때 느끼는 괴로움은 화장실에 다녀오면 말끔히 해결되지요? 그래서 '해우所'는 '근심을 풀어주는 곳'을 뜻한답니다.

한자 따라 쓰기 1 순서에 맞게 다음 한자를 써 보세요.

所 所 所 所 所 所 所 所

所 所

한자 구별하기 2 다음 중 '바 소'를 찾아 동그라미를 치세요.

听　所　所　祈　忻　肵

✔ 여러 사람의 입에 오르내리며 들리는 것, 떠도는 소식을 뜻하는 말은?

✔ 간절히 바라고 원하는 것을 뜻하는 말은?

| | 원 |

✔ 사람이 사는 곳이나 기관, 회사 등이 자리 잡고 있는 곳을 행정 구역으로 나타낸 이름을 뜻하는 말은?

✔ 자신의 것으로 가지고 있거나 또는 그 물건을 뜻하는 말은?

한자 연결하기 **4** 각 뜻풀이를 읽고 알맞은 단어를 찾아 바르게 연결해 보세요.

바라는 **것**, 기대하는 **것**   •   • 장**所**

어떤 일이나 사건이 이루어지거나 발생한 **곳**   •   • **所**득

일한 결과로 얻은 **것**(이익)   •   • **所**망

쓸 **곳**, 쓰이는 **것**   •   • **所**용

매우 귀중한 **것**   •   • **所**감

마음에 느끼고 생각한 **것**   •   • **所**중

국어 **속** 한자 찾기 **5** 다음 글을 읽고 '바 소'가 들어간 우리말에 동그라미를 치세요.

"세 개의 소원을 들어드립니다." 듣기만 해도 기분이 좋아지는 말이다. 당신이 알라딘이라면 어떤 소원을 말하겠는가? 엄청난 부를 소유하는 것? 소중한 사람과 행복하게 사는 것?
동화 속 지니가 없어도 우리의 소원은 이루어질 수 있다. 나만의 소망 노트에 소원을 적고 하나하나 이루어 가보자. 지니가 활동하는 장소는 바로 내 마음이 아닐까?

QUIZ   다음 중 '바 소'가 쓰이지 않은 단어를 찾아 동그라미를 치세요.

소용   소문   소감   소수   소득   주소

🐻 오늘 배울 국어 **속** 한자

저자 **시**

부수 巾 | 총 5획

市는 주로 '시장'을 뜻하지만, '시', '도시'를 뜻할 때도 있습니다.

市의 훈(뜻)은 '저자'입니다. '저자'는 '市장'을 예스럽게 이르는 말이지요.

'市장'과 '도市'에는 왜 똑같이 '저자 **시**'가 쓰인 걸까요? '市장'은 물건을 파는 사람과 사는 사람이 각처에서 모여드는 곳이니 늘 사람들로 북적거리지요. 많은 인구가 모여 사는 '도市'도 이렇게 붐비는 시장의 모습과 닮았다 하여 市가 쓰인 것이랍니다.

한자 따라 쓰기 **1** 순서에 맞게 다음 한자를 써 보세요.

市 市 市 市 市

市 市

한자 구별하기 **2** 다음 중 '저자 시'를 찾아 동그라미를 치세요.

亩 吊 帝 帀 韦 市

한자 완성하기 3 각 질문을 읽고 알맞은 한자를 써넣어 단어를 완성해 보세요.

✔ 도시의 중심가 또는 도시의 안을 뜻하는 말은?

	내

✔ 시에 사는 사람을 뜻하는 말은?

	민

✔ 넓은 지역의 행정을 담당하는 큰 도시를 뜻하는 말은?

광	역	

✔ 여러 가지 상품을 사고파는 곳을 뜻하는 말은?

	장

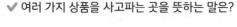

한자 연결하기 4 각 뜻풀이를 읽고 알맞은 단어를 찾아 바르게 연결해 보세요.

도시의 큰 거리를 이루는 지역 •   • 市판

시에서 설립함 •   • 市립

상품을 시중에서 판매함 •   • 市가지

상품이 시중에 나옴 •   • 출市

시의 행정 사무를 맡아보는 기관 또는 건물 •   • 신도市

대도시 근처에 계획적으로 새로 만든 도시 •   • 市청

국어 속 한자 찾기 5 다음 글을 읽고 '저자 시'가 들어간 우리말에 동그라미를 치세요.

시청 행정이 시민들의 생활에 가까이 다가가고 있다. 시내 지역에 비해 시청 접근이 쉽지 않던 섬 지역 주민을 위해 '찾아가는 시청'을 운영하기도 하고, '시립 도서관, 시립 문화 회관' 등 시민들이 이용할 수 있는 문화 시설에서 여러 가지 행사를 진행하기도 한다. "우리 시청이 달라졌어요."라는 현수막에 어울리는 시청 행정의 변화가 기대된다.

QUIZ 다음 중 '저자 시'가 쓰이지 않은 단어를 찾아 동그라미를 치세요.

출시	신도시	시작	시장	시판	시가지

1 〈보기〉에서 각 빈칸에 알맞은 한자와 뜻을 찾아 써 보세요.

보기
歌 事 所 場 記 村 足 姓 百 食
이름 명 | 마을 리 | 장인 공 | 저자 시 | 일천 천 | 손 수 | 농사 농 | 매양 매 | 있을 유 | 지아비 부

	手			名	農	夫		里
노래 가		발 족	성씨 성			일 사	밥/먹을 식	

	千	有		每	工		市
마을 촌	일백 백		기록할 기		마당 장	바 소	

2 각 한자의 틀린 부분을 찾아 바르게 고쳐 써 보세요.

欪	于	足	姅	名	農	事	大	食	里
노래 가	손 수	발 족	성씨 성	이름 명	농사 농	일 사	지아비 부	밥/먹을 식	마을 리

村	白	壬	有	記	毋	王	場	斫	巾
마을 촌	일백 백	일천 천	있을 유	기록할 기	매양 매	장인 공	마당 장	바 소	저자 시

3 각 빈칸에 알맞은 한자와 뜻을 써 보세요.

歌		足	姓		事	食	
	손 **수**			이름 **명**	농사 **농**	지아비 **부**	마을 **리**

村	百		記		場	所	
	일천 **천**	있을 **유**		매양 **매**	장인 **공**		저자 **시**

4~5 다음 글을 읽고 문제에 답하세요.

오랜 옛날부터 전해 내려온 ㉠ **노래**인 민요는 리듬과 가사가 쉬워서 누구나 쉽게 부를 수 있었다. 민요는 ❶ **백성**들이 ㉡ **일**을 하거나 놀이를 하면서 불렀다. 밭에서 ❷ **농사**를 짓거나 ❸ **시장**에서 물건을 팔면서 부르기도 했고, 널뛰기, 줄다리기, 강강술래를 하면서 부르기도 했다. 백성들이 생활하는 ㉢ **곳**이라면 어디든 민요가 발견된다.

가장 ❹ **유명**한 민요라면 아리랑을 들 수 있다. 아리랑은 지방에 따라 각각 다른 가사나 곡조로 불렀다. 대표적인 아리랑으로는 강원도의 '정선 아리랑', 경상도의 '밀양 아리랑', 전라도의 '진도 아리랑' 등이 있다. 아리랑은 2012년에 유네스코 인류무형문화유산에 등재되기도 했다.

4 글 중 ❶ ~ ❹에 해당하는 우리말을 한자로 써 보세요.

❶ _____ ❷ _____ ❸ _____ ❹ _____

5 다음 중 ㉠, ㉡, ㉢의 뜻을 가진 한자를 골라 보세요.

① 歌 - 手 - 所　　② 歌 - 事 - 所　　③ 里 - 名 - 百　　④ 歌 - 事 - 每

 오늘 배울 국어 **속** 한자

인간 **세**

부수 一 | 총 5획

世가 들어간 단어의 뜻은 '세상', '시대', '세대'와 관련이 있습니다.

世의 훈(뜻)인 '인간'은 단순히 '사람'을 가리키는 것이 아니라 '사람들 사이'를 의미합니다. 그래서 사람들 사이에 놓인 공간을 '世상'이라 부르고, 옛사람과 현대인 사이에 놓인 시간을 '世대' 또는 '시대'라고 표현하는 것이지요.

한자 따라 쓰기 **1** 순서에 맞게 다음 한자를 써 보세요.

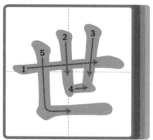

世 世 世 世 世

世	世					

한자 구별하기 **2** 다음 중 '인간 세'를 찾아 동그라미를 치세요.

芒　甘　北　世　世　迊

✔ 지구 위의 모든 나라, 인류 사회 전체를 뜻하는 말은?

	계

✔ 세계의 역사를 뜻하는 말은?

	계	사

✔ 백 년을 단위로 시대나 연대를 나타내는 말은?

	기

✔ 사회적으로 성공하거나 유명해짐을 뜻하는 말은?

출	

한자 연결하기 **4** 각 뜻풀이를 읽고 알맞은 단어를 찾아 바르게 연결해 보세요.

세상을 부정적으로 보고 싶어함 •   • 염**世**

같은 **시대**를 살아가고 있는
비슷한 연령층의 사람들 •   • **世**습

재산, 신분 등을
다음 **세대**로 물려줌 •   • **世**대

세상의 상태나 형편 •   • 절**世**

세상에 비교할 데가 없을 정도로
아주 뛰어남 •   • 후**世**

뒤에 오는 **세상**,
다음 **세대**의 사람들 •   • **世**태

국어⇨한자 찾기 **5** 다음 글을 읽고 '인간 세'가 들어간 우리말에 동그라미를 치세요.

오늘날 지구가 겪는 고통은 세계사에서 그 유례를 찾아볼 수 없을 만큼 혹독하다. 바다에는 플라스틱 쓰레기가 섬을 이루었고, 땅에는 온갖 오염물질이 스며들었다. 21세기를 쓰레기의 시대라고도 한다. 하지만 염세적인 태도로는 문제를 해결하지 못한다. 지구는 지금 세대가 후세에게서 빌려 쓰는 것으로 건강한 지구를 돌려주도록 노력해야 한다.

QUIZ

다음 중 '인간 세'가 쓰이지 않은 단어를 찾아 동그라미를 치세요.

세태	세수	절세	세기	세습	출세

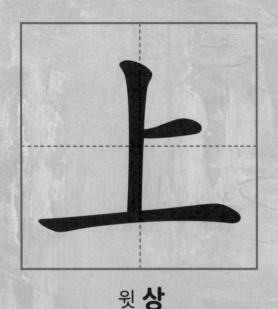

윗 상

부수 一 | 총 3획

🐻 오늘 배울 국어 **속** 한자

上은 주로 '위'를 뜻하지만, '높다', '오르다', '올리다'를 뜻할 때도 있습니다. 가령 '上의(옷), 영上(기온), 上체(신체), 연上(나이), 上위(지위)'등 에서 '上'은 '위쪽'을 나타냅니다.

기준이나 수준, 가치 등이 더 높거나 좋을 때도 '上'이 쓰입니다. '고급'과 비슷한 말인 '上급'은 '보다 위인 등급'과 '더 좋은 등급' 둘 다를 의미하고, '향上'은 이전보다 더 나아지거나 좋아진 상태를 뜻하지요.

한자 따라 쓰기 1 순서에 맞게 다음 한자를 써 보세요.

上 上 上

한자 구별하기 2 다음 중 '윗 상'을 찾아 동그라미를 치세요.

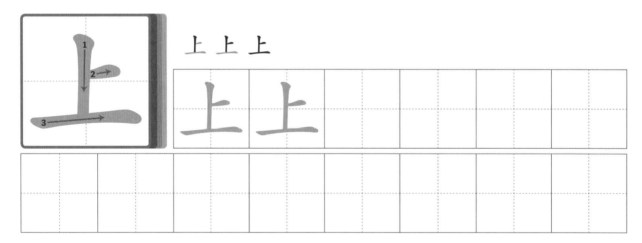

工　土　上　止　干　玉

✔ 위쪽에 입는 옷을 뜻하는 말은?

	의

✔ 땅 위를 뜻하는 말은?

	육

✔ 얼음판 위를 뜻하는 말은?

	빙

✔ 물 위를 뜻하는 말은?

	수

편평하게 만든 지붕 **위** • • 향上

이전보다 실력이나
수준이 **높아짐** • • 인上

물건값이나 월급, 요금 등을 **올림** • • 옥上

높은 하늘 • • 上공

기준보다 **위의** 등급,
기준보다 더 **좋은** 등급 • • 이上

수량이나 정도가
일정한 기준보다 더 **위나 좋음** • • 上급

빙상 경기 가운데 스피드 스케이팅은 기록경기이고, 피겨 스케이팅은 점수경기이다. 달리기, 뛰기, 던지기 등의 육상 경기와 수영, 조정, 요트 등의 수상 경기는 대부분 기록경기이다. 기록경기는 더 빨리, 더 멀리 기록을 향상시키는 것이 중요하고, 점수경기는 높은 점수를 받을 수 있는 상급의 기술을 선보이는 것이 중요하다.

QUIZ 다음 중 '윗 상'이 쓰이지 않은 단어를 찾아 동그라미를 치세요.

상공	옥상	이상	빙상	향상	상상

오늘 배울 국어 **속** 한자

下는 주로 '아래'를 뜻하지만, '낮다', '낮아지다', '내리다'를 뜻할 때도 있습니다. 가령 '下의(옷), 영下(기온), 下체(신체), 연下(나이), '下위(지위)'등 에서 '下'는 '아래쪽'을 나타냅니다.

기준이나 수준, 가치 등이 더 낮거나 열등할 때도 '下'가 쓰입니다. '저下'는 '수준 등이 낮아짐'을 뜻하고, '下수'는 '남보다 수준이 낮은 재주나 그런 재주를 지닌 사람'을 가리킨답니다.

아래 **하**

부수 一 | 총 3획

한자 따라 쓰기 **1** 순서에 맞게 다음 한자를 써 보세요.

下 下 下

한자 구별하기 **2** 다음 중 '아래 하'를 찾아 동그라미를 치세요.

丌　下　卞　不　干　丁

✔ 물체나 신체의 아랫부분을 뜻하는 말은?

 체

✔ 땅 아래를 파고 만든 건물의 공간을 이르는 말은?

지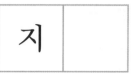

✔ 온도계에서, 눈금이 0℃ 아래로 내려간 온도를 이르는 말은?

영

✔ 물건값이나 월급, 요금 등을 내리는 것을 뜻하는 말은?

인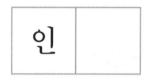

한자 연결하기 **4** 각 뜻풀이를 읽고 알맞은 단어를 찾아 바르게 연결해 보세요.

타고 있던 차에서 **내림** • • 비下

자기를 **낮추거나**
남을 업신여겨 **낮춤** • • 저下

수준이나 능률이 떨어져 **낮아짐** • • 下차

수량이나 정도가 일정한
기준보다 더 **적거나 모자람** • • 下교

높은 곳에서
아래로 향하여 내려옴 • • 이下

공부를 끝내고 학교에서
내려와(나와) 집으로 감 • • 下강

국어 🔁 한자 찾기 **5** 다음 글을 읽고 '아래 하'가 들어간 우리말에 동그라미를 치세요.

하교하던 새롬이는 문득 성우가 한 말이 떠올랐다. "남극에서는 감기에 걸리지 않는대." 새롬이는 겨울이 되면 항상 감기를 달고 살 정도로 추위에 약했다. 그래서일까? 평균 기온이 영하 50도 이하라는 남극에서 감기에 걸리지 않는다는 말이 믿기지 않았다. 오늘 아침에 엄마가 "감기는 추위보다 면역력 저하가 더 큰 문제야."라고 말씀하신 것이 생각났다. 정말인지 집에 가서 엄마한테 물어봐야겠다.

 다음 중 '아래 하'가 쓰이지 않은 단어를 찾아 동그라미를 치세요.

하강   인하   지하   하차   축하   하교

오늘 배울 국어 **속** 한자

左는 주로 '왼쪽'을 뜻하지만, 변화를 추구하는 '진보주의적인 경향'을 뜻할 때도 있습니다.

左는 '낮은 자리, 아랫자리'라는 뜻도 있어서 '左천하다'는 '낮은 자리로 지위가 떨어진다'를 의미합니다. 하지만 조선 시대의 관직을 이르는 '左의정'은 '우(右)의정'보다 서열이 높은 자리였습니다. 해가 뜨는 방향인 동쪽이 임금의 왼쪽이었기 때문에 더 우대한 것이지요. 다시 말해 '左'가 항상 '낮은 자리'를 뜻하는 건 아니랍니다.

왼 **좌**

부수 工 | 총 5획

한자 따라 쓰기 **1** 순서에 맞게 다음 한자를 써 보세요.

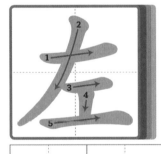

左 左 左 左 左

左	左			

한자 구별하기 **2** 다음 중 '왼 좌'를 찾아 동그라미를 치세요.

佐 夵 厷 右 左 在

각 질문을 읽고 알맞은 한자를 써넣어 단어를 완성해 보세요.

✔ 왼쪽을 뜻하는 말은?

	측

✔ 뇌의 왼쪽 부분을 이르는 말은?

	뇌

✔ 차나 사람 등이 왼쪽으로 도는 것을 뜻하는 말은?

	회	전

✔ 야구에서 왼손으로 공을 치는 타자를 뜻하는 말은?

	타	자

각 뜻풀이를 읽고 알맞은 단어를 찾아 바르게 연결해 보세요.

왼편 • • **左**익수

야구에서 외야 **왼쪽**을 지키는 수비수 • • **左**심실

심장의 **왼쪽** 아래에 있는 방 • • **左**편

낮은 직위나 지위로 떨어지거나 중요하지 않은 근무지로 옮김 • • **左**파

진보주의적인 성향을 가진 당파 • • **左**우

왼쪽과 오른쪽을 아울러 이르는 말, 옆 또는 주변 • • **左**천

다음 글을 읽고 '왼 좌'가 들어간 우리말에 동그라미를 치세요.

감독님은 1루수였던 재원이를 좌익수로 보냈다. 친구들은 재원이가 좌천된 것이라고 수군댔지만, 재원이는 묵묵히 감독님의 말씀을 따랐다. 최근 경기에서 경쟁팀인 홍익초등학교의 좌타자들이 외야 좌측으로 장타를 많이 치면서 좌익수의 역할이 커졌음을 재원이는 알아차린 것이다. 재원이는 이번 기회에 좌우 외야수를 두루 망라한 전천후 수비수가 되기로 다짐했다.

QUIZ 다음 중 '왼 좌'가 쓰이지 않은 단어를 찾아 동그라미를 치세요.

좌측	좌편	좌석	좌심실	좌뇌	좌천

오늘 배울 국어 속 한자

右는 주로 '오른쪽'을 뜻하지만, 전통을 유지하려는 '보수주의적인 경향'을 뜻할 때도 있습니다.

'오른쪽 날개'를 뜻하는 '右익'은 왜 '보수파'를 뜻하게 된 걸까요? 프랑스에서 시민이 왕정을 무너뜨린 혁명이 일어난 이후 보통선거를 통해 구성된 국민 공회가 열렸습니다. 이때 급진 개혁을 주장하는 진보세력이 의장의 왼쪽에 앉고 그에 맞서 온건 개혁을 주장하는 보수세력이 오른쪽에 앉은 데서 유래한 말이랍니다.

오른쪽 우

부수 口 | 총 5획

한자 따라 쓰기 **1** 순서에 맞게 다음 한자를 써 보세요.

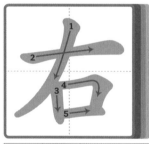

右 右 右 右 右

右 右

한자 구별하기 **2** 다음 중 '오른쪽 우'를 찾아 동그라미를 치세요.

疠　石　右　呑　左　厷

한자 완성하기 3 각 질문을 읽고 알맞은 한자를 써넣어 단어를 완성해 보세요.

✔ 왼쪽과 오른쪽을 아울러 이르는 말은?

좌	

✔ 오른쪽을 이르는 말은?

	측

✔ 뇌의 오른쪽 부분을 이르는 말은?

	뇌

✔ 차나 사람 등이 오른쪽으로 도는 것을 이르는 말은?

	회	전

한자 연결하기 4 각 뜻풀이를 읽고 알맞은 단어를 찾아 바르게 연결해 보세요.

오른편 • • **右**왕좌왕

보수주의적인 경향
또는 그런 단체 • • **右**익

오른쪽으로 갔다 왼쪽으로 갔다
하면서 갈피를 잡지 못함 • • **右**편

야구에서 외야 **오른쪽**을
지키는 수비수 • • 좌**右**명

왼쪽이든 **오른쪽**이든 어떻든 간 • • 좌**右**간

늘 왼쪽, **오른쪽**에 두고
가르침으로 삼는 말 • • **右**익수

국어 속 한자 찾기 5 다음 글을 읽고 '오른쪽 우'가 들어간 우리말에 동그라미를 치세요.

우리 뇌는 좌우로 구분되는데 좌측 뇌는 분석적·논리적이고 우측 뇌는 종합적·직관적이라고 한다. 한동안 틀에 박힌 사고에서 벗어나 유연한 사고를 하는 우뇌 기능이 중요하다는 주장이 있었다. 하지만 최근 연구에 따르면 좌뇌와 우뇌의 기능은 그렇게 대립적으로 구분되지 않고, 서로 조화하고 보완해주는 역할을 한다는 것이 밝혀졌다.

QUIZ 다음 중 '오른쪽 우'가 쓰이지 않은 단어를 찾아 동그라미를 치세요.

우측	우익	좌우명	좌우간	우승	우왕좌왕

오늘 배울 국어 **속** 한자

빈 공

부수 穴 | 총 8획

空은 '비다', '없다'를 뜻합니다. 이외에 '하늘', '공중'과 관련된 뜻을 나타내기도 하지요.

'힘이나 돈이 들지 않은', '거저 생긴'이라는 뜻의 '空짜'에도 '空'이 쓰입니다. '空짜'는 '그러한 성질을 지닌 사물이나 사람'을 뜻하는 순우리말인 '짜'가 붙은 표현이랍니다.

사자성어 '탁상空론'은 '현실과는 동떨어진 허황된 이론이나 논의'를 말하고, '空상'은 '실현 가능성이 없는 생각'을 뜻하지요. 여기서 '空론'과 '空상'의 '空'은 모두 '헛되다'를 나타냅니다.

한자 따라 쓰기 **1** 순서에 맞게 다음 한자를 써 보세요.

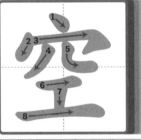

空空空空空空空空

空	空					

한자 구별하기 **2** 다음 중 '빈 공'을 찾아 동그라미를 치세요.

坕　宜　室　空　室　空

✔ 빈 백지에 무엇인가 쓰거나 그릴 수 있도록 한 책을
뜻하는 말은?

	책

✔ 하늘에서 국토를 방위하는 군대를 이르는 말은?

	군

✔ 공기 등이 전혀 존재하지 않는 공간이나 상태를
뜻하는 말은?

진	

✔ 하늘과 땅 사이의 빈 곳을 뜻하는 말은?

	중

한자 연결하기 **4** 각 뜻풀이를 읽고 알맞은 단어를 찾아 바르게 연결해 보세요.

비어있는 자리　　　　●　　　●　**空**석

음식을 먹지 않아
뱃속이 **비어있음**　　　●　　　●　**空**복

힘이나 노력, 돈을 들이지 않고
거저 얻은 것　　　　●　　　●　**空**짜

현실적이지 않은 **헛된** 생각　　●　　　●　상**空**

아무것도 없는 텅 **빈 하늘**　　●　　　●　**空**상

저 위의 높은 **하늘**　　　　●　　　●　허**空**

국어 속 한자 찾기 **5** 다음 글을 읽고 '빌 공'이 들어간 우리말에 동그라미를 치세요.

러시아 군용기가 7분간 독도 인근 상공을 침범했을 때 우리 공군은 즉각 전투기를 출격시켜 공중에서 러시아 군용기에 경고했다. 나중에 일본은 '독도는 우리 영토'라며 한국과 러시아에 항의했다. 하지만 러시아는 이 문제에 대해 한국에만 공식 해명했다. 일본은 허공에 대고 억지 주장을 한 셈이 된 것이다.

QUIZ 다음 중 '빌 공'이 쓰이지 않은 단어를 찾아 동그라미를 치세요.

공책	공짜	허공	공상	공복	성공

오늘 배울 **국어 속 한자**

사이 **간**

부수 門 ㅣ 총 12획

間은 '사이', '동안(시간의 길이)'을 뜻하는 한자입니다.

'중국과 한국 間'이나 '친구 間'의 '間'은 거리나 관계를 뜻하는 '사이'를 말합니다. '뒷間(변소), 대장間, 방앗間, 푸줏間(고깃집)'의 間은 '틈새, 장소'를 뜻하지요.
이처럼 '間'이 '장소'를 나타내는 말에 붙거나 '이틀間', '사흘間'에서처럼 '동안'을 의미할 때는 앞말에 붙여 쓰지만, 거리나 관계를 뜻하는 '사이'를 의미할 때는 앞말과 띄어 씁니다.

한자 따라 쓰기 **1** 순서에 맞게 다음 한자를 써 보세요.

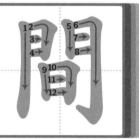

間 間 間 間 間 間 間 間 間 間 間 間

間	間				

한자 구별하기 **2** 다음 중 '사이 간'을 찾아 동그라미를 치세요.

間　悶　閉　閨　閒　悶

✔ 일정한 어느 시기에서 다른 어느 시기까지의 동안을
  뜻하는 말은?

기	

✔ 끼니와 끼니 사이에 먹는 음식을 뜻하는 말은?

	식

✔ 아무것도 없는 빈 곳을 뜻하는 말은?

공	

✔ 한 달에 한 번 발행하는 잡지를 뜻하는 말은?

월		지

아주 짧은 **동안** •   • 야**間**

밤**사이**, 밤 **동안** •   • 순**間**

낮 **동안** •   • 주**間**

어떤 때에서 어떤 때까지의 **사이**,
어떤 시각에서 어떤 시각까지의 **사이** •   • 시**間**

두 사물의 **사이**,
공간이나 시간 등의 가운데 •   • 방앗**間**

방아로 곡식을 찧거나 빻는 **곳** •   • 중**間**

사이버 공간은 인터넷상의 가상 공간을 말한다. 시간을 초월하여 주간이든 야간이든 어느 때나 친구
들과 대화하고, 공간을 초월하여 전 세계 누구와도 소통이 가능하다. SNS, 인터넷 게시판, 블로그 등
사이버 공간은 정보를 주고받는 공간을 넘어 사회적, 문화적인 공간이 되고 있다.

QUIZ   다음 중 '사이 간'이 쓰이지 않은 단어를 찾아 동그라미를 치세요.

순간	간섭	야간	기간	월간지	간식

오늘 배울 국어 **속** 한자

老가 들어간 단어의 뜻은 '늙다', '오래 되다', '익숙하다'와 관련이 있습니다.

'老폐물'과 '老련하다'에 쓰인 '老'는 모두 '오래된'을 뜻합니다. '老폐물'이 '오래되어 쓸모없는 것'을 뜻한다면, '老련하다'는 '오랜 경험으로 익숙해져 솜씨가 좋은'을 뜻하지요. 똑같이 오래된 상태를 의미해도 속뜻은 다른 셈입니다. 이처럼 老는 오래되어 좋은 것과 오래되어 좋지 않은 것에 둘 다 쓰인답니다.

老

늙을 로(노)

부수 老 | 총 6획

한자 따라 쓰기 **1** 순서에 맞게 다음 한자를 써 보세요.

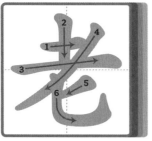

老 老 老 老 老 老

老	老				

한자 구별하기 **2** 다음 중 '늙을 로'를 찾아 동그라미를 치세요.

耆　老　壱　者　孝　考

✔ 나이가 들어 늙은 사람을 뜻하는 말은?

| | 인 |  |

✔ 늙은 어머니를 뜻하는 말은?

| | 모 |  |

✔ 늙은 사람과 약한 사람을 뜻하는 말은?

| | 약 | 자 |  |

✔ 늙어서 시력이 나빠진 눈을 뜻하는 말은?

| | 안 | |

한자 연결하기 4 각 뜻풀이를 읽고 알맞은 단어를 찾아 바르게 연결해 보세요.

늙어서 기운이 없고 쇠약함	•		•	경老
늙은 사람을 공경함	•		•	老쇠
늙지 아니함	•		•	불老

많은 경험으로 익숙하고 능란함	•		•	老화
늙어서 생긴 병	•		•	老환
늙어감에 따라 신체 기능이 쇠퇴함	•		•	老련

국어⇔한자 찾기 5 다음 글을 읽고 '늙을 로'가 들어간 우리말에 동그라미를 치세요.

진시황제는 죽고 싶지 않았다. 어떻게 이룬 천하 통일인가! 그에게 노화나 노쇠 따위는 있을 수 없었다. 진시황제는 영원히 통일 천하를 다스리고 싶었다. 그의 이런 열망에 전국에서 불로의 약과 비법을 가졌다는 노련한 도사들이 모여들었다. 하지만 이들의 약은 오히려 독이 되었다. 노환을 막고 영원히 살고자 했던 진시황제의 꿈은 결국 이루어질 수 없었다.

QUIZ 다음 중 '늙을 로'가 쓰이지 않은 단어를 찾아 동그라미를 치세요.

| 경로 | 노모 | 노련 | 도로 | 불로 | 노안 |

 오늘 배울 국어 속 한자

적을 소
부수 小 | 총 4획

少는 '적다'를 뜻하는 한자입니다.

少는 모양과 의미가 비슷한 '小(작을 소)'와 어떻게 다를까요? 우리말의 '적다'와 '작다'의 차이를 생각해 보면 쉽습니다. 少는 '수나 양이 일정 기준보다 덜하다'라는 의미의 '적다'를 뜻하고, 小는 '부피나 크기가 일정 기준보다 덜하다'라는 의미의 '작다'를 뜻하지요. 따라서 '얼마 되지 않는 적음'을 의미하는 '소少', '어떤 것이 매우 드물거나 적음'을 의미하는 '희少'등에는 小가 아닌 少가 쓰인답니다.

한자 따라 쓰기 1 순서에 맞게 다음 한자를 써 보세요.

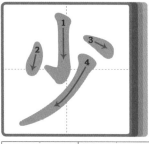

少 少 少 少

少 少

한자 구별하기 2 다음 중 '적을 소'를 찾아 동그라미를 치세요.

沙 朩 尔 小 少 步

✔ 청년과 소년을 아울러 이르는 말은?

| 청 | | 년 |

✔ 줄어서 적어짐을 뜻하는 말은?

| 감 | |

✔ 노인과 젊은(어린)이를 아울러 이르는 말은?

| 노 | |

✔ 적은 양을 뜻하는 말은?

| | 량 |

적은 수 • • 근少

얼마 되지 않을 만큼
아주 **적음** • • 다少

많음과 **적음**,
적기는 하지만 어느 정도 • • 少수

작거나 **적어**서 보잘것없이
중요하지 않음 • • 약少

수량이 가장 **적음** • • 최少

적고 변변하지 못함 • • 사少

최근 초등학생 아이를 데리고 소아청소년 정신과를 찾는 부모가 늘었다고 한다. 이 가운데는 가족 안에서 해결할 수 있는 사소한 문제도 있지만, 생활 스트레스 때문에 생긴 다소 심각한 문제도 있다. 한 소아청소년 정신과 전문의는 어린이들의 경우 약물치료는 최소로 하고 상담치료, 가족치료, 놀이 치료 등을 적절하게 적용하는 것이 좋다고 충고했다.

QUIZ 다음 중 '적을 소'가 쓰이지 않은 단어를 찾아 동그라미를 치세요.

| 소수 | 소아 | 노소 | 근소 | 약소 | 감소 |

오늘 배울 국어 **속** 한자

同은 '한가지', 즉 '서로 같은 종류'를 뜻합니다. 똑같은 것을 이르는 말이니 '같다', '함께'를 뜻하기도 하지요.

수학 시간에 '합同'이라는 말을 들어본 적이 있지요? 두 도형을 포갰을 때 모양과 크기가 같아 완전하게 겹쳐지면 '합同'이라고 합니다. 또한 '합同 작품, 합同 훈련'에서처럼 여럿이 모여 어떤 행동이나 일을 함께하는 것도 '합同'이라고 하지요.

한가지 **동**

부수 口 ㅣ 총 6획

한자 따라 쓰기 **1** 순서에 맞게 다음 한자를 써 보세요.

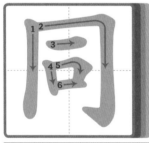

同 同 同 同 同 同

同	同						

한자 구별하기 **2** 다음 중 '한가지 동'을 찾아 동그라미를 치세요.

同　同　月　冋　円　居

✔ 등급이 같거나 자격이 같음을 뜻하는 말은?

 등

✔ 비교하여 똑같거나 하나임을 뜻하는 말은?

 일

✔ 같은 학교에서 공부를 한 사이 또는 같은 학교를 졸업한 사람을 뜻하는 말은?

 창

✔ 같은 나라 또는 같은 민족에 속하는 백성을 이르는 말은?

 포

한자 연결하기 **4** 각 뜻풀이를 읽고 알맞은 단어를 찾아 바르게 연결해 보세요.

같은 의견 또는 의견을 **같이**함 ●   ● **同**의

서로 마음과 힘을 **하나로** 합함 ●   ● 협**同**

여러 사람이나 단체가 **같이**함 ●   ● 공**同**

짝이 되어 **함께** 하는 사람 ●   ● **同**반자

뜻이나 주장, 목적이 서로 **같은** 사람 ●   ● 혼**同**

구별하지 못하고 뒤섞어 **같다**고 생각함 ●   ● **同**지

국어 속 한자 찾기 **5** 다음 글을 읽고 '한가지 동'이 들어간 우리말에 동그라미를 치세요.

남한과 북한은 하나의 민족이다. 동일한 언어를 쓰고 동일한 역사를 가졌다. 지금은 공동경비구역 (JSA)을 경계로 남북이 갈라져 있지만, 언젠가는 통일이 되어 세계화 시대를 함께 살아가는 동반자 로서 함께 협동해 나가야 할 동포이다.

QUIZ 다음 중 '한가지 동'이 쓰이지 않은 단어를 찾아 동그라미를 치세요.

동의   동창   공동   혼동   동등   동그라미

때 **시**

부수 日 I 총 10획

 오늘 배울 국어 **속** 한자

時가 들어간 단어는 '때', '시간', '시기'와 관련된 뜻을 나타냅니다.

'時간'과 '時각' 모두 時가 쓰인 데다 발음도 비슷해 혼동할 때가 많지만 의미는 다릅니다. '時간'은 '어느 시점에서 다른 시점까지의 사이'를, '時각'은 '시간의 한 순간, 짧은 동안'을 가리킨다는 차이가 있지요. 즉 어떤 시점을 콕 집어 말할 때 '時각'을 쓴다면, 시각과 시각 사이의 일정한 범위를 의미할 때는 '時간'을 씁니다.

한자 따라 쓰기 **1** 순서에 맞게 다음 한자를 써 보세요.

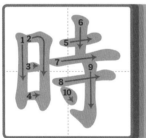

時 時 時 時 時 時 時 時 時 時

時	時				

한자 구별하기 **2** 다음 중 '때 시'를 찾아 동그라미를 치세요.

特　時　湏　待　時　峙

✔ 시간을 재거나 시각을 나타내는 기계를 이르는 말은?

	계

✔ 때와 마찬가지로 시간의 어느 한 지점을 뜻하는 말은?

	각

✔ 세계 각 지역의 시간 차이를 뜻하는 말은?

	차

✔ 날짜와 시간을 뜻하는 말은?

	일

한자 연결하기 **4** 각 뜻풀이를 읽고 알맞은 단어를 찾아 바르게 연결해 보세요.

시간대별로 할 일 등을
적어 넣은 표 • • 잠**時**

잠깐의 **시간** 동안 • • 정**時**

정해진 때나 **시간** • • **時**간표

시간과 공간 • • **時**속

일이 일어나던 그 **시기** • • **時**공간

1**시간**을 단위로 하여 잰 속도 • • 당**時**

국어 속 한자 찾기 **5** 다음 글을 읽고 '때 시'가 들어간 우리말에 동그라미를 치세요.

내 시계는 오전 11시를 가리킨다. 지금 런던 출장 중인 엄마에게 전화를 걸면 엄마는 깊은 잠에서 깨어 간신히 전화를 받을 것이다. 왜냐하면 런던은 새벽 2시이기 때문이다. 런던은 서울보다 9시간이 느리다. 지구는 둥글기 때문에 서울이 햇빛을 받아 환할 때 런던은 캄캄한 밤이 된다. 이와 같이 지구 여러 곳의 시각이 차이가 나는 것을 시차라고 한다.

QUIZ

다음 중 '때 시'가 쓰이지 않은 단어를 찾아 동그라미를 치세요.

시간표	시속	시공간	일시	시각	시험

오늘 배울 국어 **속** 한자

물을 **문**

부수 口 | 총 11획

問은 '자세히 묻다'를 뜻하지만, '방문하다', '찾아가다'를 뜻할 때도 있습니다. 예를 들어 '問병'은 '아픈 사람을 찾아가 위로한다'를 뜻하지요.

'고問하다', '신問하다'에는 모두 問이 쓰이지만 뜻은 조금씩 다릅니다. '고問하다'가 무언가를 알아내려고 상대에게 고통을 가하면서 묻는 것을 말한다면, '신問하다'는 어떤 사실을 확인 할 목적으로 따져서 캐묻는 것을 말하지요.

한자 따라 쓰기 1 순서에 맞게 다음 한자를 써 보세요.

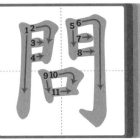

問 問 問 問 問 問 問 問 問 問 問

問	問						

한자 구별하기 2 다음 중 '물을 문'을 찾아 동그라미를 치세요.

閤　問　間　聞　悶　閂

✔ 답을 요구하는 물음, 해결하기 어려운 일을 뜻하는 말은?

	제

✔ 의심스럽게 생각하거나 또는 그런 문제를 뜻하는 말은?

의	

✔ 어떤 분야를 체계적으로 익힌 지식을 뜻하는 말은?

학	

✔ 알고 싶은 것을 얻기 위해 묻는 것을 뜻하는 말은?

질	

한자 연결하기 **4** 각 뜻풀이를 읽고 알맞은 단어를 찾아 바르게 연결해 보세요.

서로 **묻고** 대답함 • • **問**답

물음에 답하지 않고 되**물음** • • **問**항

묻는 문제의 항목 • • 반**問**

사람을 만나거나
어떤 장소를 **찾아감** • • 설**問**

자기 자신에게 **물음** • • 방**問**

조사를 하거나 통계 자료를
얻기 위해 사람들에게 **질문함** • • 자**問**

국어 ⇨ 한자 찾기 **5** 다음 글을 읽고 '물을 문'이 들어간 우리말에 동그라미를 치세요.

설명하는 글이나 주장하는 글을 쓸 때 문답법은 효과적인 방법이 될 수 있다. 문답법은 자문하고 자답하면서 문장의 흐름에 변화를 주는 표현법이다. 질문과 대답을 적절히 사용하여 독자를 글 속으로 끌어들이는 것이다. 그러나 이런 표현법이 힘을 가지려면 글쓴이가 제시한 문제가 독자의 관심을 끌 수 있는 것이어야 할 것이다.

QUIZ 다음 중 '물을 문'이 쓰이지 않은 단어를 찾아 동그라미를 치세요.

반문	방문	문화	설문	문항	의문

대답 **답**

부수 竹 | 총 12획

🐻 오늘 배울 국어 속 한자

答은 주로 '답'을 뜻하지만, '갚다', '보답하다'라는 뜻을 나타내기도 합니다.

答은 문맥에 따라 '대답, 해답, 회답'으로 해석할 수 있습니다. 가령 상대방의 물음에 응답하는 것은 '대답'이라고 하지요. 반의어 관계인 '정답'과 '오답'에 쓰인 答은 '질문이나 문제에 대한 풀이'를 뜻하는 '해답'을 말합니다. 상대방에게 편지 등에 대한 반응으로 답을 보내는 것은 '회답' 또는 '답장, 답신'이라고 하지요.

'다른 사람이 베푼 예의를 도로 갚다'라는 의미의 '답례'에서는 答이 '보답하다'는 의미로 쓰였습니다.

한자 따라 쓰기 **1** 순서에 맞게 다음 한자를 써 보세요.

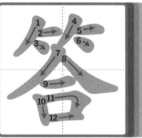

答 答 答 答 答 答 答 答 答 答 答 答

한자 구별하기 **2** 다음 중 '대답 답'을 찾아 동그라미를 치세요.

若 苦 答 茖 茗 菩

✔ 바른 답, 옳은 답을 뜻하는 말은?

정

✔ 잘못된 답, 틀린 답을 뜻하는 말은?

오

✔ 상대의 물음에 응하여 말함을 뜻하는 말은?

대

✔ 받은 편지에 답하여 보내는 편지를 뜻하는 말은?

신

한자 연결하기 4 각 뜻풀이를 읽고 알맞은 단어를 찾아 바르게 연결해 보세요.

물음이나 부름에 응하여 **대답함** •   • 응**答**

어떤 문제를 풀어서 **답**을 냄 •   • 즉**答**

그 자리에서 즉시 **대답함** •   • 해**答**

혜택이나 은혜를 **갚음** •   • 보**答**

물음과 **대답**, 서로 묻고 **대답함** •   • 문**答**

확실하게 **대답**함 또는 확실한 **대답** •   • 확**答**

국어⇔한자 찾기 5 다음 글을 읽고 '대답 답'이 들어간 우리말에 동그라미를 치세요.

토마스 아퀴나스는 신의 부름에 응답하여 19세에 수도회에 들어갔다. 아퀴나스는 평생 철학과 과학을 연구하며 "과연 신은 있는가?"라는 질문에 대답하려 했다. 그는 아리스토텔레스의 철학을 배우고 동료 수도사들과 문답하면서 기독교 사상을 정교하게 닦았고, 마침내 '다섯 가지 신 존재 증명'이라는 해답을 얻어냈다.

QUIZ   다음 중 '대답 답'이 쓰이지 않은 단어를 찾아 동그라미를 치세요.

| 즉답 | 오답 | 보답 | 확답 | 답신 | 답습 |

할아버지 **조**

부수 示 | 총 10획

祖는 '할아버지', '조상'을 뜻하는 한자입니다.

祖는 할아버지를 포함해 그 이전 세대까지 거슬러 올라가 모든 조상을 아울러 이르는 말입니다. 그래서 '祖부·祖모, 증祖부·증祖모, 고祖부·고祖모, 선祖, 시祖' 등 조상을 나타내는 말에는 모두 祖가 쓰입니다.

'자신의 나라'를 일컫는 말인 '祖국'과 '모국'은 어떻게 다를까요? '모국'은 외국에 살면서 '자기가 태어난 나라'를 가리킬 때 쓰는 말이라면, '祖국'은 '조상의 나라', 즉 '조상 때부터 살아온 나라'를 뜻한다는 차이가 있지요.

한자 따라 쓰기 **1** 순서에 맞게 다음 한자를 써 보세요.

祖 祖 祖 祖 祖 祖 祖 祖 祖

祖	祖				

한자 구별하기 **2** 다음 중 '할아버지 조'를 찾아 동그라미를 치세요.

祖　　祖　　租　　粗　　粗　　殂

3 각 질문을 읽고 알맞은 한자를 써넣어 단어를 완성해 보세요.

✔ 이미 돌아가신, 어버이 위로 대대의 어른을 이르는 말은?

✔ 조상 때부터 살아온 나라 또는 자기의 국적이 속해 있는 나라를 이르는 말은?

✔ 부모의 아버지 또는 할아버지를 이르는 말은?

✔ 부모의 어머니 또는 할머니를 이르는 말은?

4 각 뜻풀이를 읽고 알맞은 단어를 찾아 바르게 연결해 보세요.

먼 윗대의 **조상** •   • 증**祖**부

아버지의 **할아버지** •   • 시**祖**

맨 처음이 되는 **조상** •   • 선**祖**

할아버지의 **할아버지** •   • 원**祖**

할아버지와 손주 •   • 고**祖**부

처음 **조상**,
어떤 일을 맨 처음 시작한 사람 •   • **祖**손

5 다음 글을 읽고 '할아버지 조'가 들어간 우리말에 동그라미를 치세요.

조모께서는 늘 우리 집안에 조국의 독립을 위해 애쓰다 돌아가신 조상이 계신다는 사실을 자랑스럽게 말씀하셨다. 내일 우리 가족은 중국 상하이에 간다. 독립운동에 일생을 바치신 선조를 기리기 위해 대한민국 임시정부 청사를 방문하기로 했다. 그곳은 바로 고조부께서 외무부장으로 일하신 곳이다.

다음 중 '할아버지 조'가 쓰이지 않은 단어를 찾아 동그라미를 치세요.

시조   조부   증조부   원조   창조   조손

오늘 배울 **국어 속 한자**

효도 **효**

부수 子 | 총 7획

孝는 '부모를 섬기는 일', 즉 '효도', '효성'을 뜻합니다.

'孝행상'은 어떤 상을 말할까요? '孝행'은 '어버이를 잘 모시어 받드는 행실'을 뜻합니다. 따라서 '孝행상'은 '어버이를 잘 섬긴 사람에게 주는 상'을 말하지요. 투병 중인 어머니를 위해 간 이식을 한 딸이나 병상에 누운 조부모를 극진히 간호하는 손주의 이야기처럼 효의 의미를 실천하는 사람들을 칭찬하기 위해 주는 상인 것입니다.

[출처 : 가천문화재단]

한자 따라 쓰기 1 순서에 맞게 다음 한자를 써 보세요.

孝 孝 孝 孝 孝 孝 孝

孝	孝					

한자 구별하기 2 다음 중 '효도 효'를 찾아 동그라미를 치세요.

老 考 孝 耂 寿 字

✔ 부모를 정성껏 잘 모시어 받드는 일, 부모를 잘 섬기는
  도리를 뜻하는 말은?

	도	

✔ 부모를 잘 섬기는 딸을 이르는 말은?

	녀	

✔ 부모를 잘 섬기는 아들을 이르는 말은?

✔ 손이 닿지 않는 곳을 긁을 수 있도록 대나무로 만든 물건을
  이르는 말은?

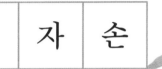

한자 연결하기 **4** 각 뜻풀이를 읽고 알맞은 단어를 찾아 바르게 연결해 보세요.

부모를 잘 **섬기는** 마음 • • **孝**심

나라에 대한 충성과
부모에 대한 **효도** • • 불**孝**

부모를 잘 **섬기지** 아니하여
자식 된 도리를 하지 못함 • • 충**孝**

부모를 잘 **섬기는** 행실 • • **孝**손

효성스러운 손자 • • **孝**성

마음을 다하여
부모를 섬기는 정성 • • **孝**행

국어 속 한자 찾기 **5** 다음 글을 읽고 '효도 효'가 들어간 우리말에 동그라미를 치세요.

탈무드에는 주무시는 아버지를 깨울 수 없어 다이아몬드를 두 배 값에 사겠다고 한 상인에게 팔지
않은 아들을 효자라고 한 이야기가 나온다. 돈을 벌어 아버지에게 더 큰 효도를 하면 되지 않을까 생
각할 수도 있겠지만, 청년의 생각은 달랐다. 그는 효행은 효심에서 나와야 한다고 생각했다. 효도와
불효는 행위보다 마음 씀에 달렸다는 것이다.

QUIZ

다음 중 '효도 효'가 쓰이지 않은 단어를 찾아 동그라미를 치세요.

효성	효자손	효행	효과	효손	충효

오늘 배울 국어 속 한자

道는 '길'을 뜻하면서, '도리', '방법', '깨닫다', '알리다'를 뜻하기도 합니다.

'태권道, 유道, 검道, 역道'에서처럼 기예나 무술의 방법을 뜻할 때도 道가 쓰입니다. 이 같은 무예를 연마하는 곳은 '道장'이라고 부르지요. 무예는 신체 단련뿐만 아니라 정신 수양으로 도리를 깨쳐 인격을 함께 연마하는 데 목적을 두므로 道를 써서 일반적인 운동과 구분하는 것이랍니다.

길 도

부수 辶(辵) | 총 13획

한자 따라 쓰기 **1** 순서에 맞게 다음 한자를 써 보세요.

道 道 道 道 道 道 道 道 道 道 道 道 道

道	道					

| | | | | | | |

한자 구별하기 **2** 다음 중 '길 도'를 찾아 동그라미를 치세요.

進　退　道　迫　退　連

한자 완성하기 3 각 질문을 읽고 알맞은 한자를 써넣어 단어를 완성해 보세요.

✔ 사람이나 차가 다닐 수 있도록 만든 길을 뜻하는 말은?

	로

✔ 사람이 걸어 다닐 수 있도록 만든 길을 뜻하는 말은?

인	

✔ 자동차가 다닐 수 있도록 만든 길을 뜻하는 말은?

차	

✔ 열차가 다니도록 철제를 두 줄로 깔아놓은 길을 뜻하는 말은?

철	

한자 연결하기 4 각 뜻풀이를 읽고 알맞은 단어를 찾아 바르게 연결해 보세요.

물이 다니는 **길**, 수돗물을
각 시설에 보내 주는 설비   •   • **道**구

일을 이루기 위한 수단이나 **방법** •   • 수**道**

사람으로서 지켜야 할 **도리**   •   • **道**덕

부모를 잘 섬기는 **도리**   •   • 보**道**

마땅히 해야 할 바른 **길**,
어떤 일을 해 나갈 **방법**이나 수단   •   • **道**리

대중매체로 일반 사람들에게
새로운 소식을 **알림**   •   • 효**道**

국어 ⇨ 한자 찾기 5 다음 글을 읽고 '길 도'가 들어간 우리말에 동그라미를 치세요.

'사회간접자본(SOC)'이란 우리가 생활하고, 산업을 발전시키기 위해 꼭 필요한 기초적인 시설을 가리킨다. 예를 들면, 가정이나 사업체에 물을 보내주는 수도 시설, 사람이나 차가 다니기 위해 필요한 인도, 차도, 철도 같은 도로 시설, 학교, 도서관, 시민 회관, 공원 같은 건축 시설 등이 여기에 포함된다.

QUIZ 다음 중 '길 도'가 쓰이지 않은 단어를 찾아 동그라미를 치세요.

도구	효**도**	독**도**	도덕	도리	보**도**

오늘 배울 국어 **속** 한자

움직일 **동**

부수 力 | 총 11획

動이 들어간 단어는 '움직이다'와 관련된 뜻을 나타냅니다.

요즘 '動영상'이라는 말을 많이 쓰지요? '움직이는 사진'을 뜻하는 이 말은 원래 '영화'를 가리키는 말이었습니다. 정확히 말하면 영화가 처음 등장한 100년 전에 음성이 나오지 않는 '무성영화'를 두고 '움직이는 사진, 활動사진'이라고 불렀던 것이지요.

한자 따라 쓰기 1 순서에 맞게 다음 한자를 써 보세요.

動 動 動 動 動 動 動 動 動 動 動

動	動				

한자 구별하기 2 다음 중 '움직일 동'을 찾아 동그라미를 치세요.

重　動　勁　勎　勘　劫

✔ 움직이는 생물을 이르는 말은?

	물

✔ 몸을 단련하거나 건강을 위해 몸을 움직이는 것을 뜻하는 말은?

	운

✔ 군대, 소방서, 경찰 등이 어떤 목적을 실행하기 위해 떠나는 것을 뜻하는 말은?

출	

✔ 음악에 맞추어 추는 춤을 뜻하는 말은?

율	

몸을 **움직여** 어떤 일을 함　　•　　• 이**動**

움직여 옮김 또는
움직여 자리를 바꿈　　•　　• **動**사

사물의 **움직임**을 나타내는 품사　•　　• 행**動**

시끄럽게 떠들어 대며
술렁이는 **움직임**　　•　　• 감**動**

순간적으로 어떤 행동을
하고 싶은 마음의 **움직임**　•　　• 충**動**

깊이 느끼어 마음이 **움직임**　•　　• 소**動**

한 남성이 "제주공항을 폭파하겠다!"는 말을 남기고 전화를 끊었다. 제주공항에는 한바탕 소동이 벌어졌다. 경찰이 출동하여 사람들을 안전한 곳으로 이동시키는 등 공항 경계태세에 나섰고, 남성의 신원을 확인해 제주도 자택에 있던 A씨를 검거했다. A씨는 평소 공항 소음 피해로 불만을 갖고 있다가 충동적으로 범행을 저지른 것으로 전해졌다.

QUIZ 다음 중 '움직일 동'이 쓰이지 않은 단어를 찾아 동그라미를 치세요.

행동	동사	동물	감동	율동	아동

오늘 배울 국어 **속** 한자

심을 **식**

부수 木 | 총 12획

植은 '심다', '식물'을 뜻하는 한자입니다.

'이植'을 그대로 해석하면 식물을 다른 곳으로 옮겨 심는 일을 뜻하지만, 살아 있는 장기를 다른 사람에게 옮기는 일을 의미하기도 합니다. '장기 이植'은 질병 또는 사고로 인해 제 기능을 하지 못하는 장기를 대신하기 위해 치료 목적으로 다른 사람에게서 받은 장기를 옮겨 붙이는 일을 말하지요. 옮겨 심은 식물이 새로운 땅에서 다시 뿌리를 내리며 자라듯 이식된 장기도 다른 사람의 몸에서 되살아나 기능을 회복한답니다.

한자 따라 쓰기 1 순서에 맞게 다음 한자를 써 보세요.

植 植 植 植 植 植 植 植 植 植 植 植

植	植						

한자 구별하기 2 다음 중 '심을 식'을 찾아 동그라미를 치세요.

稙　植　殖　楯　椹　棋

각 질문을 읽고 알맞은 한자를 써넣어 단어를 완성해 보세요.

✔ 풀, 나무와 같이 스스로의 힘으로 움직일 수 없는 생명체를
　이르는 말은?

	물

✔ 많은 종류의 식물을 모아 기르는 곳을 이르는 말은?

	물	원

✔ 나무를 많이 심고 가꾸도록 하기 위해 국가에서 정한
　4월 5일을 이르는 말은?

	목	일

✔ 식물에서만 볼 수 있는 고유한 성질을 뜻하는 말은?

	물	성

각 뜻풀이를 읽고 알맞은 단어를 찾아 바르게 연결해 보세요.

동물과 **식물** •　　　• 植물학

식물을 연구 대상으로 하는 학문 •　　　• 동植물

식물 등을 옮겨**심기**, 살아있는
장기를 다른 몸에 붙이는 일 •　　　• 이植

잎이나 줄기에 많은 수분을
가지고 있는 **식물** •　　　• 植물인간

백성을 다른 나라에 **심어둔** 땅, 힘이
센 다른 나라의 지배를 받는 나라 •　　　• 다육植물

의식이 없고 **식물**처럼 움직일 수
없지만 생명은 유지하고 있는 사람 •　　　• 植민지

다음 글을 읽고 '심을 식'이 들어간 우리말에 동그라미를 치세요.

식민지는 '백성을 심은 땅'이라는 뜻이다. 이는 식물을 다른 땅에 옮겨 심는 이식처럼 새 토지에 백성
을 이주시켜 개간하고 경작한다는 뜻이다. 하지만 나중에 식민지는 '다른 나라의 지배를 받고 착취
를 당하는 지역'이라는 뜻으로 바뀌었다. 조선이 일본의 지배를 받아 착취를 당했던 것처럼 말이다.

QUIZ

다음 중 '심을 식'이 쓰이지 않은 단어를 찾아 동그라미를 치세요.

동식물　　　식물성　　　식목일　　　휴식　　　식물원　　　식물인간

오늘 배울 국어 **속** 한자

物이 들어간 단어는 '물건'이나 '사람'과 관련된 뜻을 나타냅니다.

보통 '物건', 하면 '무생物'만을 나타낸다고 생각하기 쉽지만 '동物', '식物'에서처럼 어떤 형태를 갖춘 실제 물질이나 '인物', '사物'에서처럼 이 세상을 구성하고 있는 모든 것, 즉 '만物'을 가리키는 말에 두루 쓰인답니다.

물건 **물**

부수 牛 | 총 8획

한자 따라 쓰기 1 순서에 맞게 다음 한자를 써 보세요.

物 物 物 物 物 物 物 物

物	物						

한자 구별하기 2 다음 중 '물건 물'을 찾아 동그라미를 치세요.

圽　吻　物　肳　㘷　拘

✔ 사람이 필요에 따라 만든 물품을 뜻하는 말은?

	건

✔ 사람의 생김새나 됨됨이, 뛰어난 사람을 뜻하는 말은?

	인

✔ 자유롭게 몸을 움직일 수 있는 생물을 뜻하는 말은?

	동

✔ 고마움을 표현하기 위해 주는 물건을 뜻하는 말은?

	선

일과 **물건**을 아울러 이르는 말 •　　　• 건**物**

사진이 아닌
실제로 있는 **물건**이나 **사람** •　　　• 실**物**

사람이 살거나, 일을 하거나,
물건을 보관하기 위해 지은 **것** •　　　• 사**物**

앞선 시대에 살던 사람들이
후대에 남긴 **물건** •　　　• 보**物**

높은 가치가 있는 소중한 **물건** •　　　• **物**품

쓸모 있게 만들어진 **물건** •　　　• 유**物**

고고학은 유물과 유적을 발굴하고 연구하는 것이다. 옛사람들이 남긴 물건 가운데 옮길 수 있을 정도로 작은 것은 유물, 커서 옮길 수 없는 것은 유적이라고 한다. 유물에는 여러 종류의 물품과 보물 등이 있고, 유적에는 건물이나 건물터, 고분(오래된 무덤) 등이 있다. 화석이 된 동물의 뼈나 조개, 씨앗 등도 유물에 포함된다.

QUIZ 다음 중 '물건 물'이 쓰이지 않은 단어를 찾아 동그라미를 치세요.

사물	실물	건물	눈물	선물	인물

오늘 배울 국어 **속** 한자

車는 바퀴를 굴려 움직이는 '수레'나 '(차 등의) 운송 수단'과 관련된 뜻을 나타냅니다.

車는 때에 따라 두 가지로 발음됩니다. 언제 어떻게 발음되는지 알아볼까요? 대체로 '자동車, 열車, 마車' 등 동물이나 기계의 힘으로 움직일 때는 '차'로, '자전車, 인력車' 등 사람의 힘으로 움직일 때는 '거'로 읽는답니다.

수레 **거/차**

부수 車 | 총 7획

한자 따라 쓰기 **1** 순서에 맞게 다음 한자를 써 보세요.

車 車 車 車 車 車 車

車	車					

한자 구별하기 **2** 다음 중 '수레 거/차'를 찾아 동그라미를 치세요.

重　車　卓　草　単　叀

한자 완성하기 **3** 각 질문을 읽고 알맞은 한자를 써넣어 단어를 완성해 보세요.

✔ 엔진의 동력으로 움직이는 차를 이르는 말은?

자	동	

✔ 사람이 페달을 밟아 움직이는 탈 것을 이르는 말은?

자	전	

✔ 불 끄는 시설을 갖춘 차를 이르는 말은?

소	방	

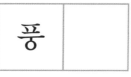

✔ 바람의 힘으로 도는 동력 장치를 이르는 말은?

풍	

한자 연결하기 **4** 각 뜻풀이를 읽고 알맞은 단어를 찾아 바르게 연결해 보세요.

도로를 달리는 모든 **차** • • **車**선

차가 급하게 멈춤 • • **車**량

차가 다니는 도로에
그어 놓은 선 • • 급정**車**

승객이 타고 내릴 수 있게
차가 멈추는 장소 • • 정**車**장

차를 세워두는 곳 • • 주**車**장

차에 묻은 먼지나 흙을 씻음 • • 세**車**

국어 ⇨ 한자 찾기 **5** 다음 글을 읽고 '수레 거/차'가 들어간 우리말에 동그라미를 치세요.

우리나라에서 자전거 도로라는 개념은 1995년 제주도에서 처음 생겼다. 당시 정부는 자동차의 증가로 인한 교통 혼잡과 대기 오염 문제를 해결하기 위해 도로 위에 차량을 줄이고 대신 자전거를 늘리기로 한 것이다. 이를 위해 자전거 도로의 차선을 긋고 자전거 주차장을 만드는 등 편리하게 자전거를 이용할 수 있는 시설을 마련했다.

QUIZ 다음 중 '수레 거/차'가 쓰이지 않은 단어를 찾아 동그라미를 치세요.

급정거/**차**	세**차**	풍**차**	주**차**장	정거장	**차**례

1 〈보기〉에서 각 빈칸에 알맞은 한자와 뜻을 찾아 써 보세요.

[보기] 空 物 孝 答 上 動 間 時 世 少
심을 식 | 수레 거/차 | 한가지 동 | 아래하 | 오른쪽 우 | 왼좌 | 물을 문 | 늙을 로 | 할아버지 조 | 길 도

	下	左	右		老	同
인간 세	윗 상			빌 공	사이 간	적을 소

問	祖	道	植	車
때 시	대답 답	효도 효	움직일 동	물건 물

2 각 한자의 틀린 부분을 찾아 바르게 고쳐 써 보세요.

迊	土	不	右	左	室	問	老	小	同
인간 세	윗 상	아래 하	왼좌	오른쪽 우	빌 공	사이 간	늙을 로	적을 소	한가지 동

時	間	答	租	孝	迺	重	桿	物	車
때 시	물을 문	대답 답	할아버지 조	효도 효	길 도	움직일 동	심을 식	물건 물	수레 거/차

3 각 빈칸에 알맞은 한자와 뜻을 써 보세요.

世	上			空	間	少	
		아래 하	왼 좌	오른쪽 우		늙을 로	한가지 동

時		答	孝	動	物	
	물을 문		할아버지 조	길 도	심을 식	수레 거/차

[4~5] 다음 글을 읽고 문제에 답하세요.

　　미래의 ❶ **세상**은 어떤 모습일까? 영화에서 보여주는 우리의 미래 삶에는 대부분 컴퓨터와 로봇이 함께한다. 지금 우리가 체험하는 ❷ **시간**과 ❸ **공간** 개념이 미래에는 완전히 달라질 수 있다. 한국에서 미국까지 1시간이면 갈 수 있고, ❹ **차도**로 다니던 ㉠ **자동차**가 하늘을 날아다니기도 할 것이다. 지금 우리는 육지에서 주로 생활하지만 미래에는 바닷속 해저 도시나 지구 밖 우주 도시에서 살 수도 있을 것이다. 많은 영화는 과학과 기술이 우리의 미래를 이렇게 편리하게 바꾸어 놓을 것이라고 말한다. 하지만 일부 영화에서는 '편리해진 생활만큼 모든 사람이 행복하게 지낼 것인가'에 대해서는 의문을 제기하기도 한다. 우리의 미래는 과연 어떤 모습일까? 이 ㉡ **물음**에 많은 영화는 다양한 ㉢ **대답**을 내놓고 있다.

4 글 중 ❶ ~ ❹에 해당하는 우리말을 한자로 써 보세요.

❶ _____　　　❷ _____　　　❸ _____　　　❹ _____

5 다음 중 ㉠, ㉡, ㉢의 뜻을 가진 한자를 골라 보세요.

① 車 - 問 - 物　　② 車 - 老 - 答　　③ 車 - 問 - 答　　④ 室 - 同 - 左

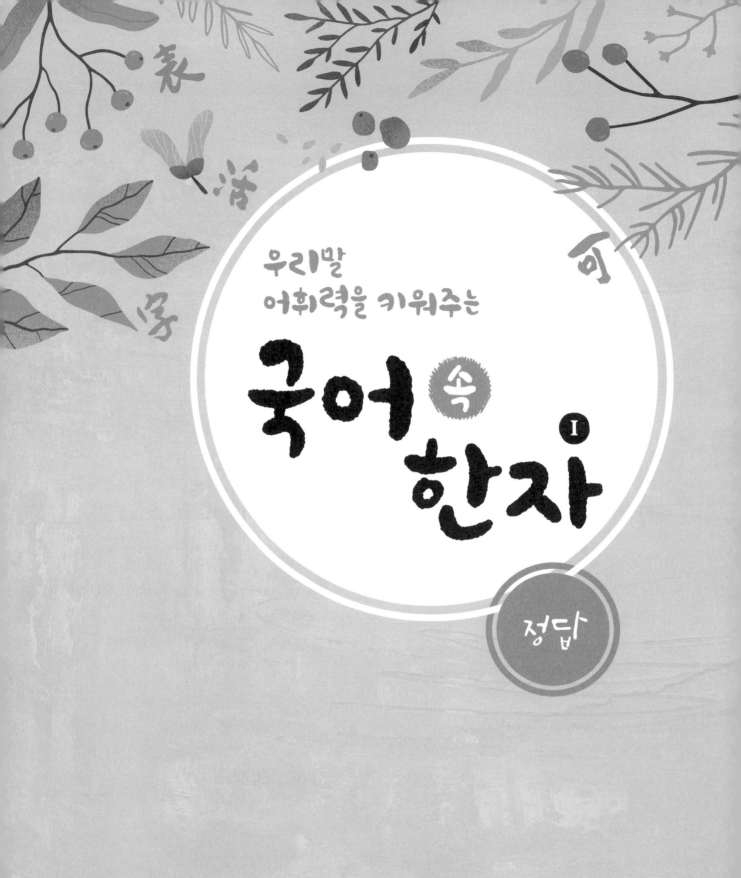

우리말
어휘력을 키워주는

국어 속
한자 I

정답

教 (교) 9p

한자 완성하기 3

教사
教과서
教실
教무실

한자 연결하기 4

국어⇔한자 찾기 5

토드 로즈는 『나는 사고뭉치였습니다』라는 책을 썼다. 12살 때 ADHD 진단을 받은 토드는 **敎실**에서 늘 주의가 산만하고 충동적인 행동 때문에 친구들과 잘 지내지 못했다. 고등학교 3학년 땐 형편없는 성적 때문에 **敎사**들에게 자퇴를 권고받기도 했다. 그런 그가 어떻게 발달심리 전문가로서 하버드대학교의 **敎수**가 되었을까? 토드의 성공 뒤에는 부모의 지지와 남다른 가정 **敎육**이 있었다.

QUIZ 고른 고재 고양 ⭕학교 고생 고과서

室 (실) 11p

한자 완성하기 3

교室
화장室
침室
병室

한자 연결하기 4

국어⇔한자 찾기 5

유리는 며칠간의 장마가 너무 좋았다. 왜냐하면 체육 수업을 **敎室**에서 **室내** 수업으로 진행했기 때문이다. 하지만 장마가 지나고 날씨가 좋아지자 이제 다시 운동장 수업이 되었다. 꾀가 난 유리는 단짝 친구 태연에게 부축해달라고 부탁한 뒤 최대한 아파 보이는 표정을 연습했다. 그리고 둘은 **교장室**를 지나 **양호室**로 갔다. 유리의 꾀병 작전은 성공할 수 있을까?

QUIZ 실내 ⭕실수 온실 병실 고실 탈의실

學 (학) 13p

한자 완성하기 3

學교
學용품
學문
과學자

한자 연결하기 4

국어⇔한자 찾기 5

르네상스 시대를 대표하는 화가이면서 **박學**다식한 천재로 유명한 레오나르도 다빈치는 예술과 **과學**, **인문學** 등 다양한 **學문** 분야에서 뛰어난 재능을 보였다. 다빈치는 '최후의 만찬', '모나리자' 등 뛰어난 미술작품을 남겼고, 그가 남긴 인체 해부도는 **의學** 발전에 크게 기여했다.

QUIZ 견학 학용품 유학 학은 학교 ⭕통학

校 (교) 15p

한자 완성하기 3

학校
校복
校문
장校

한자 연결하기 4

국어⇔한자 찾기 5

영국 **學校**는 교칙이 엄격한 것으로 유명하다. 초등 **學校**는 1학년부터 재킷, 셔츠, 후크가 달린 **校복**까지를 입어야 한다. 4학년부터는 넥타이도 매야 한다. 양말은 검은색이나 흰색이어야 하고, 검정 구두를 신어야 한다. **등校**할 때는 비가 와도 우산을 쓰면 안 되고 검은색 바람막이 점퍼만 착용 가능하다고 한다.

QUIZ 고가 하교 고우 장교 고내 ⭕고과서

先 (선) 17p

한자 완성하기 3

先두
先착순
先배
先생님

한자 연결하기 4

국어⇔한자 찾기 5

우리 대표팀의 **先제공격**으로 시작한 칠레와의 축구 경기에서 손흥민과 황의조가 **先봉**이 섰다. 우리 대표팀은 가장 좋은 공격 포인트를 **先점**하는 것이었다. 두 선수는 공격의 **先두**에서 이 역할을 충분히 잘 해주었다. 역시 **先배** 후배 선수들의 호흡이 잘 맞은 멋진 경기였다.

QUIZ 급선우 선두 ⭕직선 선배 솔선 선악

生 (생) 19p

한자 완성하기 3

중학生
生일
기生충
출生

한자 연결하기 4

국어⇔한자 찾기 5

탄生과 **출生**은 둘 다 사람이 태어난 것을 일컫는 말이다. 그런데 **生일**을 축하할 때 **탄生**이라고 하면 더 귀한 **生명**이 태어난 것 같은 느낌이 드는 건 왜일까? 예전에는 성인이나 귀한 사람이 태어난 것을 일컬어 **탄生**이라고 구별해서 말했기 때문이다.

QUIZ 생활 인생 고생 발생 기생충 ⭕희생

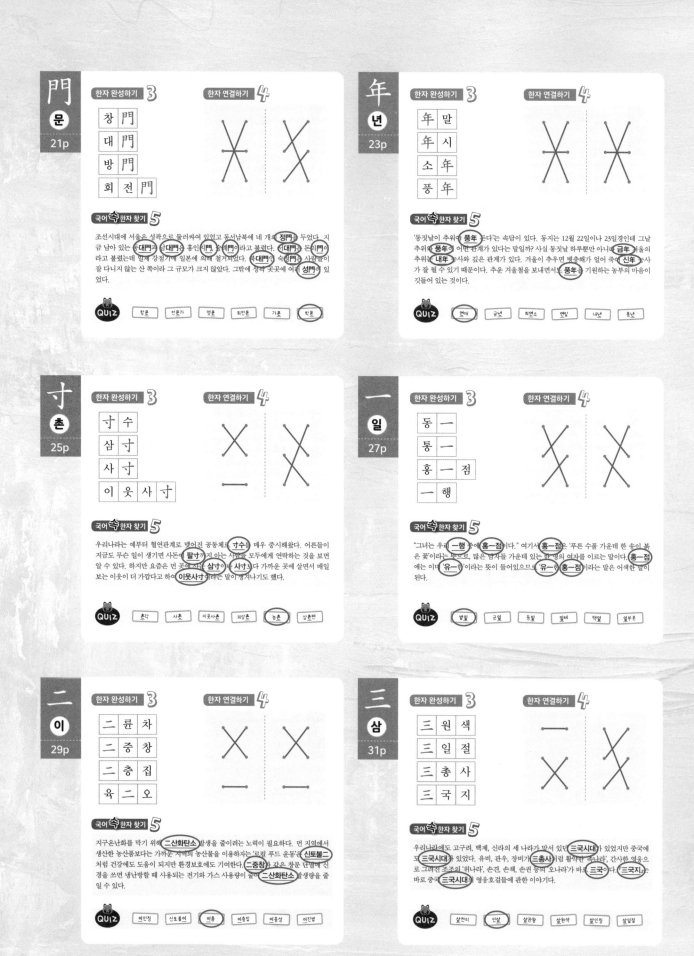

門 (문) 21p

한자 완성하기 3
창 門 / 대 門 / 방 門 / 회 전 門

한자 연결하기 4

국어⇔한자 찾기 5
조선시대에 서울은 성곽으로 둘러싸여 있었고 동서남북에 네 개의 정門을 두었다. 지금 남아 있는 동大門과 남大門은 흥인지門, 숭례門이라고 불렸는데 이大門은 돈의門이라고 불렸는데 일제 강점기에 일본에 의해 철거되었다. 북大門과 숙정門은 사람이 잘 다니지 않는 산 쪽이라 그 규모가 크지 않았다. 그밖에 성곽 곳곳에 여러 성門이 있었다.

QUIZ: 항문 / 전문가 / 영문 / 회전문 / 가문 / (학문)

年 (년) 23p

한자 완성하기 3
年 말 / 年 시 / 소 年 / 풍 年

한자 연결하기 4

국어⇔한자 찾기 5
'동짓날이 추위야 풍年 든다'는 속담이 있다. 동지는 12월 22일이나 23일경인데 그날 추위와 풍年이 어떤 관계가 있다는 말일까? 사실 동짓날 하루뿐만 아니라 금年 겨울의 추위는 내年 농사와 깊은 관계가 있다. 겨울이 추우면 병충해가 얼어 죽어 신年 농사가 잘 될 수 있기 때문이다. 추운 겨울철을 보내면서도 풍年을 기원하는 농부의 마음이 깃들어 있는 것이다.

QUIZ: (연애) / 금년 / 최연소 / 연말 / 내년 / 풍년

寸 (촌) 25p

한자 완성하기 3
寸 수 / 삼 寸 / 사 寸 / 이 웃 사 寸

한자 연결하기 4

국어⇔한자 찾기 5
우리나라는 예부터 혈연관계로 맺어진 공동체를 寸수를 매우 중시해왔다. 어른들이 지금도 무슨 일이 생기면 사돈의 팔寸까지 아는 사람들 모두에게 연락하는 것을 보면 알 수 있다. 하지만 요즘은 먼 곳에 있는 삼寸이나 사寸보다 가까운 곳에 살면서 매일 보는 이웃이 더 가깝다고 하여 이웃사寸이라는 말이 생겨나기도 했다.

QUIZ: 촌각 / 사촌 / 이웃사촌 / 외상촌 / (농촌) / 삼촌뻘

一 (일) 27p

한자 완성하기 3
동 一 / 통 一 / 홍 一 점 / 一 행

한자 연결하기 4

국어⇔한자 찾기 5
"그녀는 우리 一행 중에 홍一점이다." 여기서 홍一점은 '푸른 수풀 가운데 한 송이 붉은 꽃'이라는 뜻으로, 많은 남자들 가운데 있는 한 명의 여자를 이르는 말이다. 홍一점에는 이미 '유一'이라는 뜻이 들어있으므로 유一한 홍一점이라는 말은 어색한 말이 된다.

QUIZ: (밤일) / 근일 / 동일 / 일체 / 택일 / 일부분

二 (이) 29p

한자 완성하기 3
二 륜 차 / 二 중 창 / 二 층 집 / 육 二 오

한자 연결하기 4

국어⇔한자 찾기 5
지구온난화를 막기 위해 二산화탄소 발생을 줄이려는 노력이 필요하다. 먼 지역에서 생산한 농산품보다는 가까운 지역의 농산물을 이용하자는 '로컬 푸드 운동'은 신토불二처럼 건강에도 도움이 되지만 환경보호에도 기여한다. 二중창 같은 창문 단열에 신경을 쓰면 냉난방할 때 사용되는 전기와 가스 사용량이 줄어 二산화탄소 발생량을 줄일 수 있다.

QUIZ: 이인칭 / 신토불이 / (이층) / 이층집 / 이중성 / 이진법

三 (삼) 31p

한자 완성하기 3
三 원 색 / 三 일 절 / 三 총 사 / 三 국 지

한자 연결하기 4

국어⇔한자 찾기 5
우리나라에도 고구려, 백제, 신라의 세 나라가 맞서 있던 三국시대가 있었지만 중국에도 三국시대가 있었다. 유비, 관우, 장비가 三총사처럼 활약한 촉나라, 간사한 영웅으로 그려진 조조의 '위나라', 손견, 손책, 손권 등의 '오나라'가 바로 三국이다. 三국지는 바로 중국 三국시대의 영웅호걸들에 관한 이야기다.

QUIZ: 삼천리 / (인삼) / 삼관왕 / 삼원색 / 삼인칭 / 삼일절

四 (사) 33p

한자 완성하기 3
四각형 / 四방 / 四계절 / 四월

한자 연결하기 4

국어⇒한자 찾기 5
四차원은 차원이 네 개 있다는 것이다. 수학에서 점은 0차원이다. 점이 움직이는 흔적을 따라가면 1차원인 선이 된다. 직선이 곧게 움직인 흔적은 면이 되는데 이 면은 2차원이다. 四각형 면이 움직여 입체도형이 되면 그것은 3차원이다. 입체도형이 움직인 시간의 흔적을 四차원이라고 하는데, 그럼 그것은 어떤 모양일까?

QUIZ: 사차원 / **사랑** / 사대문 / 사방 / 사지 / 사계절

五 (오) 35p

한자 완성하기 3
五목 / 五류기 / 五선지 / 五각형

한자 연결하기 4
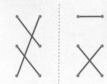

국어⇒한자 찾기 5
예부터 우리 민족은 다섯을 아주 중요한 수로 여겨 '목(나무), 화(불), 토(흙), 금(쇠), 수(물)'를 五행이라고 하였다. 여기에 다섯 가지 색을 대입하면 五색, 다섯 가지 맛을 대입하면 五미, 다섯 가지 곡식을 대입하면 五곡, 다섯 가지 감각을 대입하면 五감, 몸속의 다섯 가지 장기를 대입하면 五장이 되는 식이다.

QUIZ: 오선지 / 오른기 / **오작교** / 오행 / 오목 / 오색

六 (륙) 37p

한자 완성하기 3
六월 / 六일 / 六각형 / 정六면체

한자 연결하기 4

국어⇒한자 찾기 5
단종은 1452년 六월 열한 살의 나이로 즉위했지만 숙부인 수양대군에게 왕위를 빼앗겼다. 김시습·원호·이맹전·조려·성담수·남효온은 벼슬을 버리고 절개를 지켰다. 이들이 생六신이다. 145六년 윤 六월에는 성삼문·박팽년·하위지·이개·유응부·유성원이 단종의 복위를 꾀하다가 처벌되었다. 이들이 사六신이다.

QUIZ: 육하원칙 / 정육면체 / 육감 / 육각정 / 육각형 / **체육**

七 (칠) 39p

한자 완성하기 3
七월 / 七일 / 북두七성 / 七정

한자 연결하기 4

국어⇒한자 찾기 5
동양에서 七은 북두七성 별의 수라는 의미에서 중시되었다. 그리고 해와 달에 목·화·토·금·수 오행의 별을 합한 七일도 중요하게 생각했다. 삼七일, 오七일, 七일은 세 번, 다섯 번이라는 의미에서 중요한 기간으로 인식되었다. 견우와 직녀가 1년에 한 번 만난다는 七월七석도 七이 두 번 들어가는 날이기도 하다. 이처럼 동양에서 七은 중요한 의미를 지녔다.

QUIZ: **여칠** / 육칠월 / 북두칠성 / 칠일 / 칠월칠석 / 칠월

八 (팔) 41p

한자 완성하기 3
삼八선 / 八각정 / 저八계 / 八자주름

한자 연결하기 4

국어⇒한자 찾기 5
방랑시인 김삿갓은 조선 八도를 돌아다니며 많은 한시를 썼다. 그의 시는 십중八구 못난 양반을 조롱하고 백성의 애환을 노래한 것이다. 사방八방 다니며 수많은 일화를 남긴 김삿갓의 본명은 김병연이다. 강원도 영월 봉래산 八각정에 오르면 김삿갓이 바라보며 한시를 지었던 풍경을 그대로 감상 할 수 있다.

QUIZ: 저팔계 / 이팔청춘 / **팔찌** / 팔만대장경 / 팔자주름 / 십중팔구

九 (구) 43p

한자 완성하기 3
九월 / 九일 / 九공탄 / 九관조

한자 연결하기 4

국어⇒한자 찾기 5
1월 1일은 설, 3월 3일은 삼짇날, 5월 5일은 단오, 7월 7일은 칠석, 九월 九일은 九九절 또는 중양절이다. 옛날 사람들은 짝수는 음, 홀수는 양으로 여겼는데 홀수로 겹친 날을 특별하게 지낸 것이다. 특히 九九절 또는 중양절은 홀수 중 제일 큰 수 九가 겹친 날이라고 하여 설, 추석만큼이나 중요하게 생각했다.

QUIZ: 구미호 / 구만리 / 구관조 / 구층탑 / 구구단 / **입구**

十
십
45p

十 (십) 45p

한자 완성하기 3

十	월
十	자	가
十	자	수
적	十	자

한자 연결하기 4

국어속한자 찾기 5

앙리 뒤낭의 제안에 따라 1864년 **十월**, 스위스 제네바에서 **적十자** 조약이 체결되었다. 사업이 어려워지고 친척들에게 요청한 **十시일반** 도움도 거절된 상태에서, 뒤낭은 전쟁 부상자 구호 활동에 여전히 힘썼다. **十대**부터 보아온 부모님의 봉사 활동하는 모습에서 받은 영향이 컸다. 그는 전시의 부상자 구호를 위한 중립적 민간 국제기구 창설의 공로로 제1회 노벨평화상을 수상했다.

QUIZ: 십자가 | 십중팔구 | 십자수 | 십장생 | (리더십) | 적십자

 萬
만
47p

萬 (만) 47p

한자 완성하기 3

萬	세
萬	인
萬	년	필
萬	국	기

한자 연결하기 4

국어속한자 찾기 5

萬일 나무에서 스파게티가 열린다면? BBC는 1957년에 스위스에 있는 나무에서 스파게티를 수확하는 장면을 방송으로 보여주었다. 많은 사람들이 BBC에 전화를 걸어 이 **萬능** 나무의 재배법을 알고 싶어 했다. 하지만 이것은 BBC가 해마다 해온 **萬우절** 장난 방송이었다.

QUIZ: (만족) | 만세 | 만병 | 만년필 | 만을 | 만국기

 1~20일
한자확인하기
48~49p

1

教	室	學	校	先	生	門	年
가르칠교	집 실	배울 학	학교 교	먼저 선	날 생	문 문	해 년
寸	一	二	三	四	五	六	七
마디 촌	한 일	두 이	석 삼	넉 사	다섯 오	여섯 륙	일곱 칠
八	九	十	萬
여덟 팔	아홉 구	열 십	일만 만

2

教	室	學	校	先	生	門	年
가르칠교	집 실	배울 학	학교 교	먼저 선	날 생	문 문	해 년
寸	一	二	三	四	五	六	七
마디 촌	한 일	두 이	석 삼	넉 사	다섯 오	여섯 륙	일곱 칠

| 八 | 九 | 十 | 萬 |
| 여덟 팔 | 아홉 구 | 열 십 | 일만 만 |

3

教	室	學	校	先	生	門	年
가르칠교	집 실	배울 학	학교 교	먼저 선	날 생	문 문	해 년
寸	一	二	三	四	五	六	七
마디 촌	한 일	두 이	석 삼	넉 사	다섯 오	여섯 륙	일곱 칠
八	九	十	萬
여덟 팔	아홉 구	열 십	일만 만

4 ❶ 學年 ❷ 先生 ❸ 學生 ❹ 教室 ❺ 學校

5 ③ 七 - 八 - 二

 日
일
51p

日 (일) 51p

한자 완성하기 3

월	요	日
일	주	日
생	日
日	본

한자 연결하기 4

국어속한자 찾기 5

일주日의 시작은 언제일까? **日요日**일까? **월요日**일까? 달력을 보면 **日요日**이 시작일 것 같지만 국어사전에는 **월요日**을 '한 주의 시작이 되는 날', **日요日**은 한 주의 마지막 날'이라고 설명하고 있다. 이는 나라마다 다른데 **日요日**과 **日요日**을 한 주의 시작으로 삼는다고 한다.

QUIZ: 일상 | (일찍) | 휴일 | 생일 | 일기 | 당일

 月
월
53p

月 (월) 53p

한자 완성하기 3

매	月
月	요	일
月	급
月	출

한자 연결하기 4

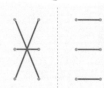

국어속한자 찾기 5

옛 선조들은 해와 달을 관찰하여 시간 개념을 만들었다. 하루는 해가 뜨고 지는 기간이고, 한 달은 달이 같은 모양이 되기까지의 기간이고, 한 해는 같은 계절, 이를테면 금년 봄에서 내년 봄까지의 기간을 말한다. **月요일**부터 일요일까지는 일주일이고 **月초**부터 **月말**까지는 **1개月**이다. **세月**은 '한 해와 한 달'이라는 시간 개념으로 '흘러가는 시간'을 나타낸 것이다.

QUIZ: 월차 | 월간 | 월급 | 월출 | (탁월) | 매월

火
화
55p

한자 완성하기 3

火상 / 火재 / 火산 / 火요일

한자 연결하기 4

국어 속 한자 찾기 5
2018년 3월 6일 火요일 오후 2시 27분, 일본 규슈 지역 신모에다케에서 폭발적 분火가 발생했다. 이번 火산 폭발로 연기가 2,100m까지 치솟았으며 수많은 火산재가 발생했다. 일본 기상청은 분火구에서 3km 범위 내 거주민들에게 火산 피해를 경계하라고 당부했다.

QUIZ   화학 · 화상 · (화해) · 진화 · 화재 · 화요일

 水
수
57p

한자 완성하기 3

水영 / 해水 / 정水기 / 水도

한자 연결하기 4

국어 속 한자 찾기 5
물은 우리 생활에 없어서는 안 되는 것이지만, 때로는 우리에게 피해를 주기도 한다. 水도에 정水기를 달아 식水로 마시고 해水욕장에서 水영을 할 수 있어 유익하지만, 비가 너무 많이 와서 홍水가 나면 水해로 많은 사람들의 생활이 힘들어지기도 한다.

QUIZ    식수 · 장수 · (선수) · 수증기 · 정수기 · 수분

 木
목
59p

한자 완성하기 3
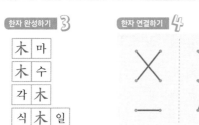
木마 / 木수 / 각木 / 식木일

한자 연결하기 4

국어 속 한자 찾기 5
그리스 군이 트로이 성을 공격하며 시작된 전쟁은 10년이 지나도 끝나지 않았다. 그리스 군은 木수를 시켜 커다란 木마를 만들어 놓고 그리스로 돌아갔다. 트로이 군은 전쟁에서 이겼다고 환호하며 木마를 트로이 성으로 들여왔다. 하지만 그 木마 안에는 그리스 병사들이 숨어있었다. 결국 트로이 성은 그리스 군의 계략에 속아 함락되었다.

QUIZ      목재 · (목숨) · 벌목 · 각목 · 거목 · 식목일

 金
금, 김
61p

한자 완성하기 3

모金 / 저金통 / 황金 / 金구

한자 연결하기 4

국어 속 한자 찾기 5
저金통 하면 떠오르는 것은? 바로 돼지 저金통일 것이다. 고대에도 도자기로 만든 돼지 저金통이 있었을 정도로 역사가 깊다. 요즘엔 입金과 출金, 송金도 인터넷으로 할 수 있어서 은행에 가는 일이 줄었지만, 예전에는 돼지 저金통에 동전이 다 차면 은행에 가져가 예金하는 일이 많았다.

QUIZ    발굴 · 오굴 · 일굴 · 갈씨 · (굴지) · 황굴

 土
토
63p

한자 완성하기 3
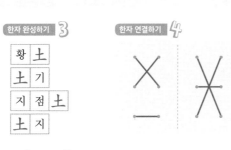
황土 / 土기 / 지점土 / 土지

한자 연결하기 4

국어 속 한자 찾기 5
土종은 우리나라에서만 나는 품종이고 외래종은 다른 나라에서 들어온 품종을 말한다. 최근 일부 외래종 식물이 土종 식물과 섞이면서 우리 풍土와 土양에 맞는 식물들의 유전자가 변형되고 있다는 연구결과가 나왔다. 土종의 유전자가 초土화되어 없어지기 전에 외래종 관리 대책 마련이 시급하다.

QUIZ      국토 · 토박이 · 황토 · 지점토 · (토존) · 초토화

 東
동
65p

한자 완성하기 3

東해 / 東양화 / 東대문 / 정東진

한자 연결하기 4

국어 속 한자 찾기 5
부산에서 東해안을 따라 강원도 쪽으로 東해시와 정東진을 지나면 '하슬라'라는 이름을 가진 공원이 보인다. 강릉에서 버스로 30여 분, 정東진에서도 30여 분 거리라 東해에 놀러 왔다 일부러 이곳을 찾는 사람이 많다고 한다. '하슬라'는 외국어인 것 같지만 실은 '해와 밝음'이라는 뜻을 가진 강릉의 옛 이름이다.

QUIZ    동문서답 · 동유럽 · (활동) · 동양화 · 동부 · 동대문

西 (서) 67p

西쪽
대西양
西양인
西유기

국어 속 한자 찾기 5

'손오공, 저팔계, 사오정'은 西양인들에게도 잘 알려진 16세기 중국 소설 '西유기'에 나오는 주인공들이다. '西유기'는 중국 남西쪽에 있는 인도로 여행을 떠나는 이야기를 담고 있다. 우리가 잘 아는 '날아라 슈퍼보드, '드래곤볼' 등은 '西유기'를 바탕으로 만든 애니메이션이다.

QUIZ 서유령 서양화 (독서) 대서양 동서양 서부

南 (남) 69p

南향
南극
南대문
南산

국어 속 한자 찾기 5

1863년 1월, 링컨 대통령은 노예 해방을 선언했다. 南부 지방에 있는 노예에게 자유를 준 것이다. 노예제도를 유지하고 싶어 했던 南부 지방은 링컨이 대통령이 되던 해인 1861년에 노예제도 폐지를 주장하는 북부를 상대로 전쟁을 벌였다. 치열한 전투 끝에 1865년 4월 18일 南부는 항복했고, 마침내 南북전쟁이 끝이 났다.

QUIZ (남녀) 남북통일 남해 남극 남향 남대문

北 (북, 배) 71p

北극곰
北극성
北경
北한

국어 속 한자 찾기 5

한국은 남北대화를 이어가면서 北한의 핵무기 문제를 평화롭게 해결하려고 노력하고 있다. 미국은 대北 경제 제재를 완화하고, 北한은 핵무기를 포기하고 글로벌 사회의 정상 국가로 탈바꿈하기 위해 노력하고 있다.

QUIZ 대북 최북단 패배 (정복북) 탈북인 북극곰

大 (대) 73p

大소
大한민국
大통령
大법원

국어 속 한자 찾기 5

大한민국은 국가의 권력이 한 곳에 집중되는 것을 最大한 막기 위해 삼권분립 원칙을 지킨다. 삼권이란 입법권, 사법권, 행정권이다. 입법기관인 국회는 법을 만들고, 사법기관인 大법원은 법의 집행을 관장한다. 하지만 실제로는 행정기관의 대표인 大통령이 가장 큰 영향력을 가진다.

QUIZ 대독 거대 최대 대통령 대규모 (대표)

中 (중) 75p

中국
中심
적中
中독

국어 속 한자 찾기 5

신학의 시대로 알려져 있는 中세 유럽 문화의 中심에는 로마 가톨릭교회와 라틴어가 자리하고 있었다. 동아시아에서는 7세기에 세워진 당나라가 中국 문화의 황금기를 맞고 있었다. 당시 유럽과 中국의 中간에는 이슬람 문화가 꽃피었다.

QUIZ 홍고 집중택 홍독 (존중) 홍립 적중

小 (소) 77p

小변
小아과
小포
小고

국어 속 한자 찾기 5

거센 폭풍에 배가 난파하여 걸리버는 낯선 해안에 도착했다. 이 나라는 모든 것이 1/12 정도로 축小된 '릴리풋'이라는 小인국이었다. 하루는 왕비의 궁전에 불이 났다. 小인국 사람들은 걸리버에게 도움을 요청했고 걸리버는 小변으로 불을 껐다. 궁전은 무사했지만 왕비는 불쾌했다. 사실 릴리풋 법에 궁전에 小변을 보는 사람은 사형이라고 규정되어 있었기 때문이다.

QUIZ 향소 소심 소아과 왜소 (소홀) 과소평가

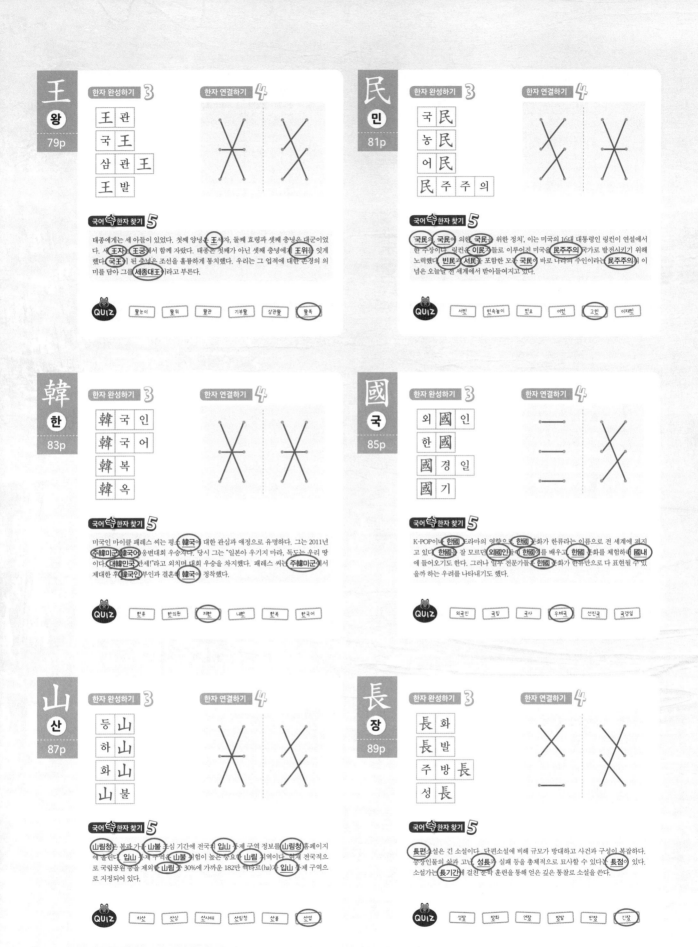

王 왕 79p

한자 완성하기 3

王 관
국 王
삼 관 王
王 발

한자 연결하기 4

국어⇔한자 찾기 5

태종에게는 세 아들이 있었다. 첫째 양녕은 王세자, 둘째 효령과 셋째 충녕은 대군이었다. 세 王자는 王궁에서 함께 자랐다. 태종은 첫째가 아닌 셋째 충녕에게 王位를 잇게 했다. 王으로 된 충녕은 조선을 훌륭히 통치했다. 우리는 그 업적에 대한 존경의 의미를 담아 그를 세종대王이라고 부른다.

QUIZ | 왕눈이 | 왕위 | 왕관 | 기부왕 | 상관왕 | 왕복 |

民 민 81p

한자 완성하기 3

국 民
농 民
어 民
民 주 주 의

한자 연결하기 4

국어⇔한자 찾기 5

국民의 국民에 의한 국民을 위한 정치', 이는 미국의 16대 대통령인 링컨이 연설에서 한 주장이다. 링컨은 이民들로 이루어진 미국을 民주주의 국가로 발전시키기 위해 노력했다. 빈民과 서民을 포함한 모든 국民이 바로 나라의 주인이라는 民주주의 이념은 오늘날 전 세계에서 받아들여지고 있다.

QUIZ | 서민 | 민속놀이 | 민요 | 어민 | 그민 | 이재민 |

韓 한 83p

한자 완성하기 3

韓 국 인
韓 국 어
韓 복
韓 옥

한자 연결하기 4

국어⇔한자 찾기 5

미국인 마이클 패레스 씨는 평소 韓국에 대한 관심과 애정으로 유명하다. 그는 2011년 주韓미군 韓국어 웅변대회 우승자다. 당시 그는 "일본아 우기지 마라, 독도는 우리 땅이다. 대韓민국 만세!"라고 외치며 대회 우승을 차지했다. 패레스 씨는 주韓미군에서 제대한 후 韓국인 부인과 결혼해 韓국에 정착했다.

QUIZ | 한류 | 한의원 | 제한 | 내한 | 한복 | 한국어 |

國 국 85p

한자 완성하기 3

외 國 인
한 國
國 경 일
國 기

한자 연결하기 4

국어⇔한자 찾기 5

K-POP이나 드라마의 영향으로 韓국 문화가 한류라는 이름으로 전 세계에 퍼지고 있다. 韓國을 잘 모르던 외國인들이 韓國어를 배우고 韓國 문화를 체험하러 國내에 들어오기도 한다. 그러나 일부 전문가들은 韓국 문화가 한류만으로 다 표현될 수 있을까 하는 우려를 나타내기도 했다.

QUIZ | 외국인 | 국립 | 국사 | 우체국 | 선진국 | 국경일 |

山 산 87p

한자 완성하기 3

등 山
하 山
화 山
山 불

한자 연결하기 4

국어⇔한자 찾기 5

山림청은 봄과 가을 산불 조심 기간에 전국의 입山 통제 구역 정보를 山림청 홈페이지에 올린다. 입山 통제 구역은 山불 위험이 높은 중요한 山림 지역이다. 현재 전국적으로 국립공원 등을 제외한 山림 중 30%에 가까운 182만 헥타르(ha)가 입山 통제 구역으로 지정되어 있다.

QUIZ | 하산 | 산삼 | 산사태 | 산림청 | 산불 | 산업 느낌 |

長 장 89p

한자 완성하기 3

長 화
長 발
주 방 長
성 長

한자 연결하기 4

국어⇔한자 찾기 5

長편소설은 긴 소설이다. 단편소설에 비해 규모가 방대하고 사건과 구성이 복잡하다. 등장인물의 삶과 고난, 성長과 실패 등을 총체적으로 묘사할 수 있다는 長점이 있다. 소설가는 長기간에 걸친 문학 훈련을 통해 얻은 깊은 통찰로 소설을 쓴다.

QUIZ | 성장 | 장화 | 연장 | 장발 | 반장 | 긴장 |

1

日	月	火	水	木	金	土	東
날 일	달 월	불 화	물 수	나무 목	쇠금 성씨김	흙 토	동녘 동

西	南	北	大	中	小	王	民
서녘 서	남녘 남	북녘북 달아날배	큰 대	가운데 중	작을 소	임금 왕	백성 민

韓	國	山	長
한국/나라 한	나라 국	메 산	길 장

2

日	月	火	水	木	金	土	東
날 일	달 월	불 화	물 수	나무 목	쇠금 성씨김	흙 토	동녘 동

西	南	北	大	中	小	王	民
서녘 서	남녘 남	북녘북 달아날배	큰 대	가운데 중	작을 소	임금 왕	백성 민

韓	國	山	長
한국/나라 한	나라 국	메 산	길 장

3

日	月	火	水	木	金	土	東
날 일	달 월	불 화	물 수	나무 목	쇠금 성씨김	흙 토	동녘 동

西	南	北	大	中	小	王	民
서녘 서	남녘 남	북녘북 달아날배	큰 대	가운데 중	작을 소	임금 왕	백성 민

韓	國	山	長
한국/나라 한	나라 국	메 산	길 장

4 ❶東 ❷西 ❸山
     ❹國土 ❺韓國

5 ②水 - 木

軍 / 군 / 93p

한자 완성하기 3

軍대
장軍
軍의관
軍복

한자 연결하기 4

국어 속 한자 찾기 5

1592년 4월, 도요토미 히데요시는 軍대를 정비하여 조선을 침략했다. 적軍인 일본軍은 (아軍)인 조선軍에 비해 軍사력이 월등히 뛰어났다. 전쟁 초기 조선은 패전을 거듭했지만 백성들은 한마음으로 맞서 적軍에 대항했고, 명량 해전에서 이순신이 이끄는 조선 해軍은 12척의 배로 133척의 일본 해軍을 격파했다. 결국 일본은 조선에서 물러나야 했다.

QUIZ 공군 장군 적군 군복 군의관 ⟨군것질⟩

人 / 인 / 95p

한자 완성하기 3

人형
연예人
노人
人조人간

한자 연결하기 4

국어 속 한자 찾기 5

애플사의 시리나 페이스북의 딥 페이스 등 人공지능은 최근 우리 생활에 가까이 다가왔다. 구글의 알파고가 천재 바둑기사 이세돌을 이긴 것 때문에 잘 알려진 딥러닝은 人공지능이 스스로 학습한다는 개념이 적용된 기술이다. 이 기술이 人공으로 만든 人체에 적용되어 영화에서나 보던 人조人간을 개발하는 것이 가능해지면 그때는 人격이라 하며 人권의 개념도 바뀌는 게 아닐까?

QUIZ 정인 인형 ⟨원인⟩ 연예인 지인 인조인간

兄 / 형 / 97p

한자 완성하기 3

兄제
친兄
작은兄
兄부

한자 연결하기 4

국어 속 한자 찾기 5

우리말에는 兄제자매의 배우자를 부르는 호칭이 각각 다르다. 兄의 아내는 兄수이고, 동생의 아내는 제수이다. 언니의 남편은 兄부이고 여동생의 남편은 제부이다. 아내의 언니는 처兄이고, 아내의 여동생은 처제이다. 누나의 남편은 매兄이고, 여동생의 남편은 매제이다.

QUIZ 작은형 의형제 친형 ⟨모형⟩ 학부형 형수

弟 / 제 / 99p

한자 완성하기 3

형弟
형弟애
弟자
사弟

한자 연결하기 4

국어 속 한자 찾기 5

"유비·관우·장비는 성씨가 다르오나 의를 맺어 형弟가 되었으니 ……" 장비의 집 뒤뜰 복숭아밭에서 셋은 맹세하고 의형弟를 맺었다. 유비가 첫째, 관우가 둘째, 장비가 셋째. 비록 친형弟가 아닌 의형弟지만 어지러운 나라를 다시 일으키기 위해 셋은 한날한시에 태어나지 못했어도 한날한시에 죽기로 다짐했다.

QUIZ 자제 ⟨숙제⟩ 수제자 사제 형제애 제자

---

226 국어 속 한자

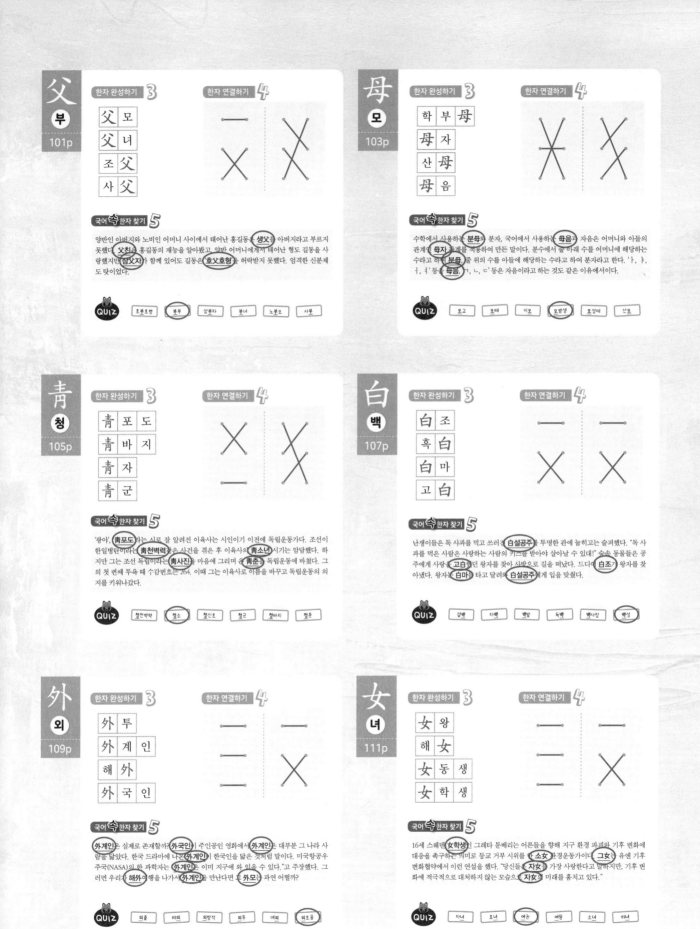

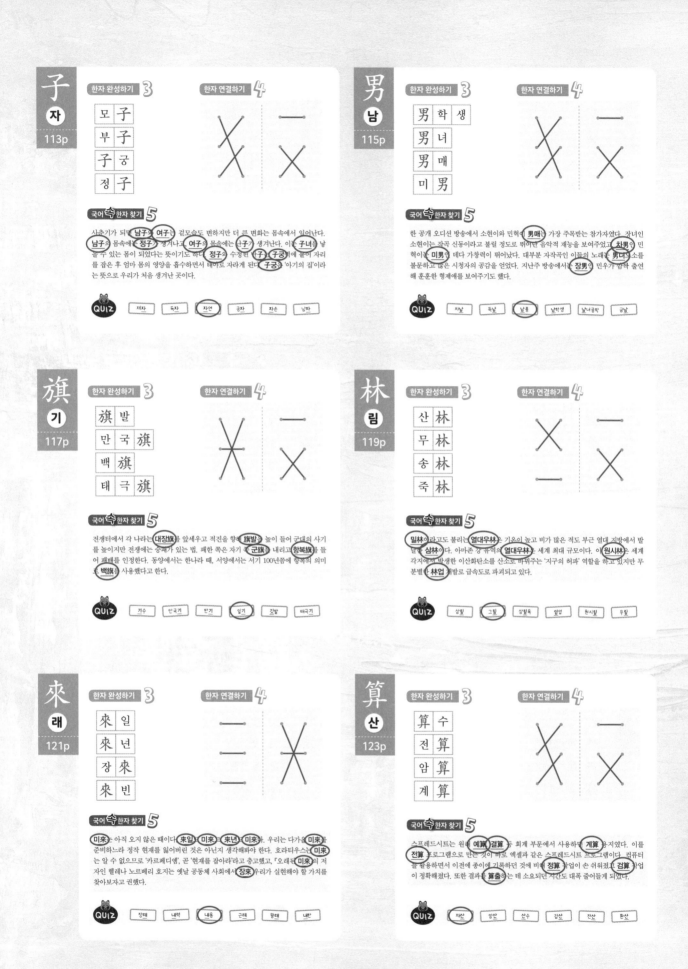

子 (자) 113p

한자 완성하기 3: 모子, 부子, 子궁, 정子

한자 연결하기 4

국어 속 한자 찾기 5

사춘기가 되면 남자와 여자는 겉모습도 변하지만 더 큰 변화는 몸속에서 일어난다. 남자의 몸속에는 정자가 생겨나고 여자의 몸속에는 난자가 생겨난다. 이는 子녀를 낳을 수 있는 몸이 되었다는 뜻이기도 하다. 정자와 수정된 子가 子궁에 붙어 자리를 잡은 후 엄마 몸의 영양을 흡수하면서 태아로 자라게 된다 子궁은 '아기의 집'이라는 뜻으로 우리가 처음 생겨난 곳이다.

QUIZ: 제자 · 독자 · 자연 · 공자 · 자손 · 남자

男 (남) 115p

한자 완성하기 3: 男학생, 男녀, 男매, 미男

한자 연결하기 4

국어 속 한자 찾기 5

한 공개 오디션 방송에서 소현이와 민혁이 男매가 가장 주목받는 참가자였다. 장녀인 소현이는 작곡 신동이라고 불릴 정도로 뛰어난 음악적 재능을 보여주었고, 차男인 민혁이는 미男연 데다 가창력이 뛰어났다. 대부분 자작곡인 이들의 노래는 男녀노소를 불문하고 많은 시청자의 공감을 얻었다. 지난주 방송에는 장男이 민우가 깜짝 출연해 훈훈한 형제애를 보여주기도 했다.

QUIZ: 차날 · 독날 · 남동 · 남학생 · 남녀공학 · 금날

旗 (기) 117p

한자 완성하기 3: 旗발, 만국旗, 백旗, 태극旗

한자 연결하기 4

국어 속 한자 찾기 5

전쟁터에서 각 나라는 대장旗를 앞세우고 적진을 향해 旗발을 높이 들어 군대의 사기를 높이지만 전쟁에는 승패가 있는 법. 패한 쪽은 자기 측 군旗를 내리고 항복旗를 들어 패배를 인정한다. 동양에서는 한나라 때, 서양에서는 서기 100년쯤에 항복의 의미로 백旗를 사용했다고 한다.

QUIZ: 기수 · 만국기 · 반기 · 일기 · 깃발 · 태극기

林 (림) 119p

한자 완성하기 3: 산林, 무林, 송林, 죽林

한자 연결하기 4

국어 속 한자 찾기 5

밀林이라고도 불리는 열대우林은 기온이 높고 비가 많은 적도 부근 열대 지방에서 발달하는 삼림이다. 아마존 강 유역의 열대우林은 세계 최대 규모이다. 이 원시林은 세계 각지에서 발생한 이산화탄소를 산소로 바꿔주는 '지구의 허파' 역할을 하고 있지만 무분별한 林업 개발로 급속도로 파괴되고 있다.

QUIZ: 삼림 · 그림 · 삼림욕 · 일임 · 원시림 · 우림

來 (래) 121p

한자 완성하기 3: 來일, 來년, 장來, 來빈

한자 연결하기 4

국어 속 한자 찾기 5

未來는 아직 오지 않은 때이다. 來일, 未來, 來년이 未來다. 우리는 다가올 未來를 준비하느라 정작 현재를 잃어버린 것은 아닌지 생각해봐야 한다. 호라티우스는 '카르페디엠', 곧 '현재를 잡아라'라고 충고했고, 『오래된 未來』의 저자인 헬레나 노르베리 호지는 옛날 공동체 사회에서 장來 우리가 실현해야 할 가치를 찾아보자고 권했다.

QUIZ: 장래 · 내력 · 내용 · 근래 · 왕래 · 내한

算 (산) 123p

한자 완성하기 3: 算수, 전算, 암算, 계算

한자 연결하기 4

국어 속 한자 찾기 5

스프레드시트는 원래 예算, 결算 등 회계 부문에서 사용하던 계算 용지였다. 이를 전算 프로그램으로 만든 것이 바로 엑셀과 같은 스프레드시트 프로그램이다. 컴퓨터를 활용하면서 이전에 종이에 기록하던 것에 비해 정算 작업이 손 쉬워졌고 검算 작업이 정확해졌다. 또한 결과를 算출하는 데 소요되던 시간도 대폭 줄어들게 되었다.

QUIZ: 재산 · 양산 · 산수 · 감산 · 전산 · 환산

數 (수) 125p

한자 완성하기 3

數자
점數
산數
數학

한자 연결하기 4

국어↔한자 찾기 5

數량과 공간을 연구하는 학문이 數학의 기초 과학이라는 인식 때문에 數치를 제고, 점數를 계산하는 간단한 활용을 제외하면 실생활에 사용되는 일이 적다고 여겨졌다. 하지만 數학적 사고 능력을 활용하여 놀라운 성과를 올리는 이들이 많아지자, 유명 취업 사이트에서 선정한 최고 직업 5위까지에 數학 관련 직업이 들어갈 정도로 數학에 대한 인기가 높아지고 있다.

QUIZ 단수 | 고수 | 특수 | 숫자 | 확수 | 산수

洞 (동, 통) 127p

한자 완성하기 3

洞굴
洞네
洞민
洞사무소

한자 연결하기 4

국어↔한자 찾기 5

철학의 아버지라고 불리는 탈레스는 일상에서 한발 물러서서 '나'와 '세상'과 '삶'에 대해 洞찰해 보라고 권한다. 우리 洞리 밖에는 새로운 洞네가 있고, 그 밖에는 또 새로운 세계가 펼쳐진다. 나라는 洞굴에서 나와 새로운 세계에 대한 洞관으로 우리의 시야를 넓히라는 탈레스의 충고에 귀를 기울여 보자.

QUIZ 통찰 | 통일 | 통달 | 동네 | 동일 | 동사무소

家 (가) 129p

한자 완성하기 3

家족
家구
家전
家계부

한자 연결하기 4

국어↔한자 찾기 5

할아버지 할머니부터 손자들까지 많은 식구가 같이 살던 대家족, 아빠 엄마와 자녀들로 구성된 핵家족 시대를 지나 이제는 家 구성원이 한 사람인 1인 家구가 늘어나고 있다. 혼자 사는 사람들이 늘어나면서 家구나 家전도 1인 家구에 어울리는 제품이 다양하게 출시되고 있다.

QUIZ 귀가 | 건축가 | 핵가족 | 가계부 | 가격 | 대가족

口 (구) 131p

한자 완성하기 3

입口
비상口
식口
항口

한자 연결하기 4

국어↔한자 찾기 5

우리는 태양口의 6번 출口로 나와 서울생활사박물관에 도착했다. 선생님의 안내로 1층부터 4층까지 차례대로 전시를 관람했다. 3층에서 '제1회 총인口조사 기념 재떨이'가 눈에 띄었다. 인口조사 기념으로 재떨이를 만들다니! 관람을 마치고 우리는 '서울의 옛 모습을 생생하게 볼 수 있었다'며 이구동성으로 좋아했다.

QUIZ 창구 | 식구 | 구술 | 구휘 | 이목구비 | 구입

41~60일 한자확인하기 132~133p

1

軍	人	兄	弟	父	母	靑	白
군사 군	사람 인	형 형	아우 제	아버지 부	어머니 모	푸를 청	흰 백

外	女	子	男	旗	林	來	算
바깥 외	여자 녀	아들 자	사내 남	기 기	수풀 림	올 래	셈 산

數	洞	家	口
셈 수	골통 밝을통	집 가	입 구

2

軍	人	兄	弟	父	母	靑	白
군사 군	사람 인	형 형	아우 제	아버지 부	어머니 모	푸를 청	흰 백

外	女	子	男	旗	林	來	算
바깥 외	여자 녀	아들 자	사내 남	기 기	수풀 림	올 래	셈 산

數	洞	家	口
셈 수	골통 밝을통	집 가	입 구

3

軍	人	兄	弟	父	母	靑	白
군사 군	사람 인	형 형	아우 제	아버지 부	어머니 모	푸를 청	흰 백

外	女	子	男	旗	林	來	算
바깥 외	여자 녀	아들 자	사내 남	기 기	수풀 림	올 래	셈 산

數	洞	家	口
셈 수	골통 밝을통	집 가	입 구

4 ❶ 男子   ❷ 女子   ❸ 子女   ❹ 父母

5 ④   人 - 家 - 外

歌 (가) 135p

한자 완성하기 3

歌수 / 歌요 / 자 장 歌 / 애 국 歌

한자 연결하기 4

국어 속 한자 찾기 5

노래에는 여러 가지 기능이 있다. 군歌, 애국歌처럼 공동체 의식을 높이거나, 歌요처럼 즐거움과 위로를 주기도 하고, 축歌, 자장歌처럼 특정한 목적을 위해 부르는 경우도 있다. 歌곡이나 오페라를 부르는 사람을 성歌라고 하고, 대중歌요를 부르는 사람을 歌수라고 하여 구분하기도 한다.

QUIZ: 가사 / 가요 / 가무 / 청가 / 유행가 / 가극

 手 (수) 137p

한자 완성하기 3

手첩 / 박手 / 手갑 / 手건

한자 연결하기 4

국어 속 한자 찾기 5

공장에서는 평균적인 발 모양을 정해 구두를 만들지만 手제 구두는 맞춤 제작이 가능하다. 30년간 手공으로 구두를 제작해 온 手제 구두의 고手 장인은 일이 착手하면 일단 고객의 발을 손으로 만지면서 모양을 측정한다. 최 장인에게 손의 감각은 어떤 자동화 기계보다 믿음직스럽다. 그의 구두를 신어본 고객들은 누구나 최 장인의 솜씨에 박手를 아끼지 않는다.

QUIZ: 박수 / 수첩 / 수기 / 수갑 / 수업 / 수건

足 (족) 139p

한자 완성하기 3

足구 / 足쇄 / 足적 / 만足

한자 연결하기 4

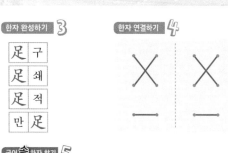

국어 속 한자 찾기 5

민우는 3학년 때 축구를 하다가 우연히 足구팀 감독님의 눈에 띄어 足구 선수가 되었다. 4학년이 되자 감독님은 민우의 실력에 만足하며 주전 선수로 선발했다. 하지만 민우는 자足하지 않고 연습 시간을 늘리며 부足했던 수비 기술을 익혔다. 다음 해 신문에는 전국 초등학교 足구 대회 우승 소식과 함께 의足을 한 민우의 사진이 커다랗게 실렸다.

QUIZ: 흡족 / 자족 / 귀족 / 의족 / 족해 / 수족

姓 (성) 141p

한자 완성하기 3

백姓 / 동姓 / 姓씨 / 姓명

한자 연결하기 4

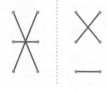

국어 속 한자 찾기 5

백姓이 없는 탐라는 고요했다. 하늘에서 세 줄기 빛이 내려오자 땅에 세 개의 구멍이 뚫리고 거기서 세 신인이 솟아났다. 만백姓을 다스리기 위해 하늘의 명을 받고 태어난 '양을나, 고을나, 부을나'였다. 이들은 동쪽에서 온 세 왕녀와 혼인하고 탐라국을 세웠다. 세 구멍은 삼姓혈이라 이름 지어졌고, 세 신인은 제주도 세 姓씨인 양씨, 고씨, 부씨의 시조가 되었다.

QUIZ: 만백성 / 집성촌 / 통성명 / 설명 / 동성 / 성인

 名 (명) 143p

한자 완성하기 3

서 名 / 성 名 / 名찰 / 名작

한자 연결하기 4

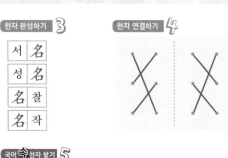

국어 속 한자 찾기 5

합격자 名단에 그의 성名이 들어있었다. 14세 소년 파블로 피카소는 남들이 한 달 걸린 로잔 미술학교 입학 과제를 단 하루 만에 완성한 것으로 유名하다. 그는 다양한 화풍으로 수많은 名작을 남겼다. 인류 역사상 가장 名성이 높은 화가 셋을 꼽는다면 그중 한 명은 마땅히 피카소가 될 것이다.

QUIZ: 별명 / 서명 / 명사 / 명찰 / 명언 / 설명

農 (농) 145p

한자 완성하기 3

農사 / 農부 / 農약 / 農악

한자 연결하기 4

국어 속 한자 찾기 5

오랫동안 농경 사회인 우리나라에서는 예로부터 '農자천하지대본(農者天下之大本)'이라는 말이 있었다. 農사는 하늘 아래 살아가는 큰 근본이라는 뜻으로 農업의 중요성을 강조한 말이다. 풍년은 農사가 잘되어 農산물 수확이 풍요로운 해이고, 흉년은 여러 요인으로 農작물이 잘 자라지 않아 빈곤한 해를 이른다. 지금도 農업은 여전히 우리나라의 중요한 산업이다.

QUIZ: 농촌 / 농장 / 농부 / 농담 / 농사 / 농악

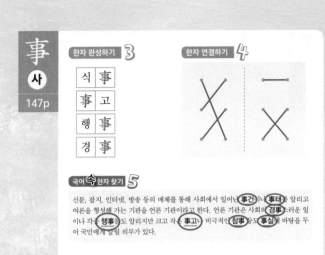

事 (사) 147p

한자 완성하기 3

식	事
事	고
행	事
경	事

한자 연결하기 4

국어⇔한자 찾기 5

신문, 잡지, 인터넷, 방송 등의 매체를 통해 사회에서 일어난 **事건**이나 **事태**를 알리고 여론을 형성해 가는 기관을 언론 기관이라고 한다. 언론 기관은 사회의 **경事**스러운 일이나 각종 **行事**도 알리지만 크고 작은 **事고**나 비극적인 **참事** 등도 事실에 바탕을 두어 국민에게 알릴 의무가 있다.

QUIZ: 인사 / 경사 / 사실 / (역사) / 농사 / 사태

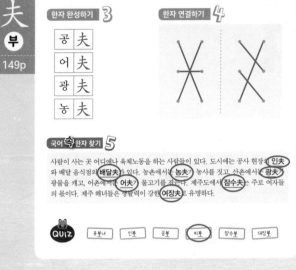

夫 (부) 149p

한자 완성하기 3

공	夫
어	夫
광	夫
농	夫

한자 연결하기 4

국어⇔한자 찾기 5

사람이 사는 곳 어디에나 육체노동을 하는 사람들이 있다. 도시에는 공사 현장의 **인夫**와 배달 음식점의 **배달夫**가 있다. 농촌에서는 **농夫**가 농사를 짓고, 산촌에서는 **광夫**가 광물을 캐고, 어촌에서는 **어夫**가 물고기를 잡는다. 제주도에서 **잠水夫**는 주로 여자들의 몫이다. 제주 해녀들은 생활력이 강한 **여장夫**로 유명하다.

QUIZ: 유부녀 / 인부 / 공부 / (피부) / 잠수부 / 대장부

食 (식) 151p

한자 완성하기 3

음	食
食	당
食	도
급	食

한자 연결하기 4

국어⇔한자 찾기 5

학생들의 건강이 **食사** 습관에 의해 위협받고 있다. 전문가들은 피자, 햄버거 등 칼로리가 높은 패스트푸드, 라면, 햄 등 화학조미료가 많은 즉석 **食品**, 과도한 **外食** 잦은 **外食**, **과食** 등을 주의하라고 지적한다. 몸에 해로운 이들 **음食물** 하루아침에 끊기는 힘들겠지만, 서서히 줄여가면서 **食단**을 건강하게 바꿔 가려는 노력이 필요하다.

QUIZ: 급식 / 과식 / 식당 / (식물) / 식도 / 식량

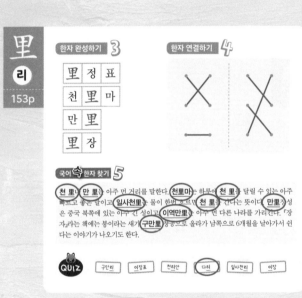

里 (리) 153p

한자 완성하기 3

里	정표
천	里 마
만	里
里	장

한자 연결하기 4

국어⇔한자 찾기 5

천里와 **만里**는 아주 먼 거리를 말한다. **천里마**는 하루에 **천里**를 달릴 수 있는 아주 빠르고 좋은 말이고 **일사천里**는 물이 한번 흐르면 **천里**를 간다는 뜻이다. **만里**장성은 중국 북쪽에 있는 아주 긴 성이고 **이역만里**는 아주 먼 다른 나라를 가리킨다. 『장자』라는 책에는 붕이라는 새가 **구만里** 상공으로 올라가 남쪽으로 6개월을 날아가서 쉰다는 이야기가 나오기도 한다.

QUIZ: 구만리 / 이정표 / 천리안 / (다리) / 일사천리 / 이장

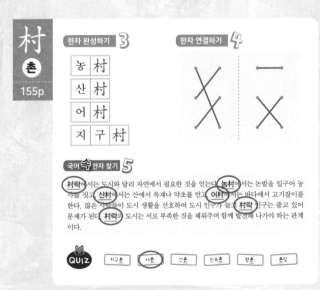

村 (촌) 155p

한자 완성하기 3

농	村
산	村
어	村
지구	村

한자 연결하기 4

국어⇔한자 찾기 5

村락에서는 도시와 달리 자연에서 필요한 것을 얻는다. **농村**에서는 논밭을 일구어 농사를 짓고, **산村**에서는 산에서 목재나 약초를 얻고, **어村**에서는 바다에서 고기잡이를 한다. 많은 사람들이 도시 생활을 선호하여 도시 인구가 늘고 **村락** 인구는 줄고 있어 문제가 된다. **村락**과 도시는 서로 부족한 것을 채워주며 함께 발전해 나가야 하는 관계이다.

QUIZ: 지구촌 / (사촌) / 산촌 / 민속촌 / 향촌 / 촌장

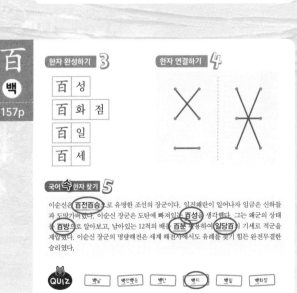

百 (백) 157p

한자 완성하기 3

百	성
百	화 점
百	일
百	세

한자 연결하기 4

국어⇔한자 찾기 5

이순신은 **百전百승**으로 유명한 조선의 장군이다. 임진왜란이 일어나자 임금은 신하들과 도망가버렸다. 이순신 장군은 도탄에 빠져있는 **百성**을 생각했다. 그는 왜군의 상태를 **百방**으로 알아보고, 남아있는 12척의 배를 활용하여 **百분**을 **일당百**의 기세로 적군을 제압했다. 이순신 장군의 명량해전은 세계 해전사에서도 유례를 찾기 힘든 완전무결한 승리였다.

QUIZ: 백날 / 백전백승 / 백만 / (백지) / 백일 / 백화점

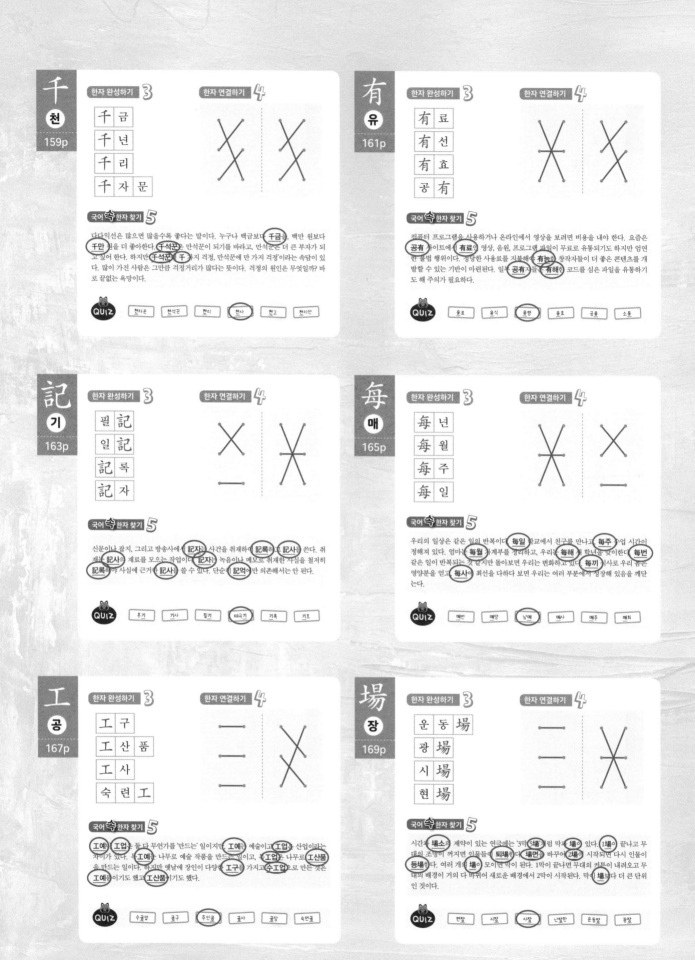

千 천 159p

한자 완성하기 3

千	금
千	년
千	리
千	자	문

한자 연결하기 4

국어 속 한자 찾기 5

다다익선은 많으면 많을수록 좋다는 말이다. 누구나 백금보다 **千금**을, 백만 원보다 **千만** 원을 더 좋아한다. **千석꾼**은 만석꾼이 되기를 바라고, 만석꾼은 더 큰 부자가 되고 싶어 한다. 하지만 **千석꾼**은 천 가지 걱정, 만석꾼은 만 가지 걱정'이라는 속담이 있다. 많이 가진 사람은 그만큼 걱정거리가 많다는 뜻이다. 걱정의 원인은 무엇일까? 바로 끝없는 욕망이다.

QUIZ | 천자문 | 천석꾼 | 천리 | 천사 | 천2 | 천리안 |

有 유 161p

한자 완성하기 3

有	료
有	선
有	효
공	有

한자 연결하기 4

국어 속 한자 찾기 5

컴퓨터 프로그램을 사용하거나 온라인에서 영상을 보려면 비용을 내야 한다. 요즘은 **공有** 사이트에서 **有료**인 영상, 음원, 프로그램 파일이 무료로 유통되기도 하지만 엄연한 불법 행위이다. 정당한 사용료를 지불해야 **有능한** 창작자들이 더 좋은 콘텐츠를 개발할 수 있는 기반이 마련된다. 일부 **공有자**들은 **有해한** 코드를 심은 파일을 유통하기도 해 주의가 필요하다.

QUIZ | 유료 | 음식 | 유행 | 유흐 | 금유 | 소유 |

記 기 163p

한자 완성하기 3

필	記
일	記
記	록
記	자

한자 연결하기 4

국어 속 한자 찾기 5

신문이나 잡지, 그리고 방송사에서 **記자**는 사건을 취재하여 **記록**하고 **記사**를 쓴다. 취재는 **記사**의 재료를 모으는 작업이다. **記자**는 녹음이나 메모로 취재한 사실을 철저히 **記록**해야 사실에 근거한 **記사**를 쓸 수 있다. 단순한 **記억**에만 의존해서는 안 된다.

QUIZ | 후기 | 기사 | 필기 | 태극기 | 기록 | 기호 |

每 매 165p

한자 완성하기 3

每	년
每	월
每	주
每	일

한자 연결하기 4

국어 속 한자 찾기 5

우리의 일상은 같은 일의 반복이다. **每일** 학교에서 친구를 만나고 **每주** 수업 시간이 정해져 있다. 엄마는 **每월** 가계부를 정리하고, 우리는 **每해** 새 학년을 맞이한다. **每번** 같은 일이 반복되는 것 같지만 돌아보면 우리는 변화하고 있다. **每끼** 식사로 우리 몸은 영양분을 얻고 **每사에** 최선을 다하다 보면 우리는 여러 부분에서 성장해 있음을 깨닫는다.

QUIZ | 매번 | 매양 | 낭매 | 매사 | 매주 | 매회 |

工 공 167p

한자 완성하기 3

工	구
工	산	품
工	사
숙	련	工

한자 연결하기 4

국어 속 한자 찾기 5

工예와 **工업**은 둘 다 무언가를 '만드는' 일이지만 **工예**는 예술이고 **工업**은 산업이라는 차이가 있다. 목**工예**는 나무로 예술 작품을 만드는 일이고, 목**工업**은 나무로 **工산품**을 만드는 일이다. 하지만 옛날에 장인이 다양한 **工구**를 가지고 **수工업**으로 만든 것은 **工예**이기도 했고 **工산품**이기도 했다.

QUIZ | 수공업 | 공구 | 주인공 | 공사 | 공장 | 숙련공 |

場 장 169p

한자 완성하기 3

운	동	場
광	場	
시	場	
현	場	

한자 연결하기 4

국어 속 한자 찾기 5

시간과 場소의 제약이 있는 연극에는 '3막 **5場'**처럼 막과 **場**이 있다. **1場**이 끝나고 무대의 조명이 꺼지면 인물들이 **퇴場하고 場면**이 바뀌어 **2場**이 시작되면 다시 인물이 **등場**한다. 여러 개의 **場**이 모이면 막이 된다. 1막이 끝나면 무대의 커튼이 내려오고 무대의 배경이 거의 다 바뀌어 새로운 배경에서 2막이 시작된다. 막이 **場**보다 더 큰 단위인 것이다.

QUIZ | 현장 | 시장 | 사장 | 난장판 | 운동장 | 광장 |

所 소 171p

한자 완성하기 3

所	문
所	원
주	所
所	유

한자 연결하기 4

국어⇆한자 찾기 5

"세 개의 **所원**을 들어드립니다." 듣기만 해도 기분이 좋아지는 말이다. 당신이 알라딘이라면 어떤 **所원**을 말하겠는가? 엄청난 부를 **所유**하는 것? **所중**한 사람과 행복하게 사는 것? 동화 속 지니가 없어도 우리 **所원**은 이루어질 수 있다. 나만의 **所망** 노트에 **所원**을 적고 하나하나 이루어 가보자. 지니가 활동하는 **場所**는 바로 내 마음이 아닐까?

QUIZ 소용 소문 소감 (소수) 소득 주소

市 시 173p

한자 완성하기 3

市	내
市	민
광역	市
市	장

한자 연결하기 4

국어⇆한자 찾기 5

市청 행정이 **市민**의 생활에 가까이 다가가고 있다. **市내** 지역에 비해 **市청** 접근이 쉽지 않던 섬 지역 주민을 위해 '찾아가는 **市청**'을 운영하기도 하고 **市립** 문화 회관'을 **市민**이 이용할 수 있는 문화 시설에서 여러 가지 행사를 진행하기도 한다. "우리 **市청**이 달라졌어요."라는 현수막에 어울리는 **市청** 행정의 변화가 기대된다.

QUIZ 출시 신도시 (시작) 시장 시관 시가지

61~80일 한자 확인하기 174~175p

1

歌	手	足	姓	名	農	事	夫
노래 가	손 수	발 족	성씨 성	이름 명	농사 농	일 사	지아비 부

食	里	村	百	千	有	記	每
밥/먹을 식	마을 리	마을 촌	일백 백	일천 천	있을 유	기록할 기	매양 매

工	場	所	市
장인 공	마당 장	바 소	저자 시

2

歌	手	足	姓	名	農	事	夫
노래 가	손 수	발 족	성씨 성	이름 명	농사 농	일 사	지아비 부

食	里	村	百	千	有	記	每
밥/먹을 식	마을 리	마을 촌	일백 백	일천 천	있을 유	기록할 기	매양 매

工	場	所	市
장인 공	마당 장	바 소	저자 시

3

歌	手	足	姓	名	農	事	夫
노래 가	손 수	발 족	성씨 성	이름 명	농사 농	일 사	지아비 부

食	里	村	百	千	有	記	每
밥/먹을 식	마을 리	마을 촌	일백 백	일천 천	있을 유	기록할 기	매양 매

工	場	所	市
장인 공	마당 장	바 소	저자 시

4 ❶百姓 ❷農事 ❸市場 ❹有名

5 ② 歌 - 事 - 所

世 세 177p

한자 완성하기 3

世	계
世	계	사
世	기
출	世

한자 연결하기 4

국어⇆한자 찾기 5

오늘날 지구가 겪는 고통은 **世계사**에서 그 유례를 찾아볼 수 없을 만큼 혹독하다. 바다에는 플라스틱 쓰레기 섬이 떠 있었고, 땅에는 온갖 오염물질이 스며들었다. **世기**를 쓰레기의 시대라고도 한다. 하지만 **염世적**인 태도로는 문제를 해결하지 못한다. 지구는 지금 **世대**가 **後世**에게서 빌려 쓰는 것으로 건강한 지구를 돌려주도록 노력해야 한다.

QUIZ 세대 (세수) 잔세 세기 세습 출세

上 상 179p

한자 완성하기 3

上	의
육	上
빙	上
수	上

한자 연결하기 4

국어⇆한자 찾기 5

빙上 경기 가운데 스피드 스케이팅은 기록경기이고, 피겨 스케이팅은 점수경기이다. 달리기, 뛰기, 던지기 등의 **육上** 경기와 수영, 조정, 요트 등의 **수上** 경기는 대부분 기록경기이다. 기록경기는 더 빨리, 더 멀리 기록을 **향上**시키는 것이 중요하고, 점수경기는 높은 점수를 받을 수 있는 **上급**의 기술을 선보이는 것이 중요하다.

QUIZ 상공 육상 이상 빙상 향상 (상상)

下 (하) 181p

한자 완성하기 3

下 체 / 지 下 / 영 下 / 인 下

한자 연결하기 4

국어 속 한자 찾기 5

下校하던 새롬이는 문득 성우가 한 말이 떠올랐다. "남극에서는 감기에 걸리지 않는대." 새롬이는 겨울이 되면 항상 감기를 달고 살 정도로 추위에 약했다. 그래서일까? 평균 기온이 零下 30도인 이곳下는 남극에서 감기에 걸리지 않는다는 말이 믿기지 않았다. 오늘 아침에 엄마가 "감기는 추위보다 면역력 低下가 더 큰 문제야."라고 말씀하신 것이 생각났다. 정말인지 집에 가서 엄마한테 물어봐야겠다.

QUIZ: 하강 / 인하 / 지하 / 하차 / (측하) / 하고

左 (좌) 183p

한자 완성하기 3

左 측 / 左 뇌 / 左 회 전 / 左 타 자

한자 연결하기 4

국어 속 한자 찾기 5

감독님은 1루수였던 재원이를 左익수로 보냈다. 친구들은 재원이가 左천될 것이라고 수군댔지만, 재원이는 묵묵히 감독님의 말씀을 따랐다. 최근 경기에서 경쟁팀인 홍익 초등학교의 左타자들이 외야 左측으로 장타를 많이 치면서 左익수의 역할이 커졌음을 재원이는 알아차린 것이다. 재원이는 이번 기회에 左우 어느 야구를 두루 망라한 전천후 수비수가 되기로 다짐했다.

QUIZ: 좌측 / 좌편 / (좌석) / 좌심실 / 좌뇌 / 좌천

右 (우) 185p

한자 완성하기 3

좌 右 / 右 측 / 右 뇌 / 右 회 전

한자 연결하기 4

국어 속 한자 찾기 5

우리 뇌는 좌右로 구분되는데 좌측 뇌는 분석적·논리적이고 右측 뇌는 종합적·직관적이라고 한다. 한동안 틀에 박힌 사고에서 벗어나 유연한 사고를 하려면 右뇌 기능이 중요하다는 주장이 있었다. 하지만 최근 연구에 따르면 좌뇌와 右뇌의 기능은 그렇게 대립적으로 구분되지 않고, 서로 조화되고 보완해주는 역할을 한다는 것이 밝혀졌다.

QUIZ: 우측 / 우익 / 좌우명 / 좌우간 / (우승) / 우왕좌왕

空 (공) 187p

한자 완성하기 3

空 책 / 空 군 / 진 空 / 空 중

한자 연결하기 4

국어 속 한자 찾기 5

러시아 군용기가 7분간 독도 인근 上空을 침범했을 때 우리 空군은 즉각 전투기를 출격시켰고 空중에서 러시아 군용기에 경고했다. 나중에 일본은 독도는 우리 영토라며 한국과 러시아에 항의했다. 하지만 러시아는 이 문제에 대해 한국에만 공식 해명했다. 일본은 虛空에 대고 억지 주장을 한 셈이 된 것이다.

QUIZ: 공책 / 공파 / 허굴 / 굴상 / 굴복 / (성굴)

間 (간) 189p

한자 완성하기 3

기 間 / 間 식 / 공 間 / 월 間 지

한자 연결하기 4

국어 속 한자 찾기 5

사이버 空間은 인터넷상의 가상 空間을 말한다. 時間을 초월하여 주間이든 야間이든 어느 때나 친구들과 대화하고 空間을 초월하여 전 세계 누구와도 소통이 가능하다. SNS, 인터넷 게시판, 블로그 등 사이버 空間은 정보를 주고받는 空間을 넘어 사회적, 문화적인 空間이 되고 있다.

QUIZ: 순간 / (간성) / 야간 / 기간 / 월간지 / 간식

老 (로) 191p

한자 완성하기 3

老 인 / 老 모 / 老 약 자 / 老 안

한자 연결하기 4

국어 속 한자 찾기 5

진시황제는 죽고 싶지 않았다. 어떻게 이룬 천하 통일인가! 그에게 老화나 老쇠 따위는 있을 수 없었다. 진시황제는 영원히 통일 천하를 다스리고 싶었다. 그의 이런 열망에 전국에게 不老의 약과 비법을 가졌다는 老련한 도사들이 모여들었다. 하지만 이들의 약은 오히려 독이 되었고 老환을 막고 영원히 살고자 했던 진시황제의 꿈은 결국 이루어질 수 없었다.

QUIZ: 경로 / 노모 / 노련 / (도로) / 불로 / 노안

少 소 193p

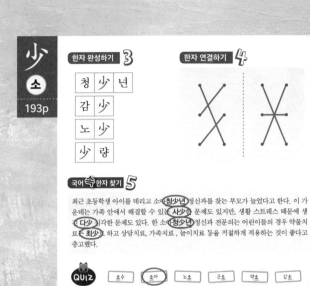

한자 완성하기 3
청 少 년 / 감 少 / 노 少 / 少 량

국어⇔한자 찾기 5

최근 초등학생 아이를 데리고 소아(청少년)정신과를 찾는 부모가 늘었다고 한다. 이 가운데는 가족 안에서 해결할 수 있는 사少한 문제도 있지만, 생활 스트레스 때문에 생긴 다少 심각한 문제도 있다. 한 소아(청少년)정신과 전문의는 어린이들의 경우 약물치료를 最少화하고 상담치료, 가족치료, 놀이치료 등을 적절하게 적용하는 것이 좋다고 충고했다.

QUIZ: 소수 / 소아(○) / 노소 / 근소 / 약소 / 감소

同 동 195p

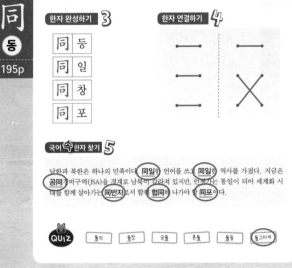

한자 완성하기 3
同 등 / 同 일 / 同 창 / 同 포

국어⇔한자 찾기 5

남한과 북한은 하나의 민족이다. 同일한 언어를 쓰고 同일한 역사를 가졌다. 지금은 공同경비구역(JSA)을 경계로 남북이 갈라져 있지만, 언젠가는 통일이 되어 세계화 시대를 함께 살아가는 同반자로서 함께 협同해 나가야 할 同포이다.

QUIZ: 동의 / 동창 / 공동 / 혼동 / 동등 / 동그라미(○)

時 시 197p

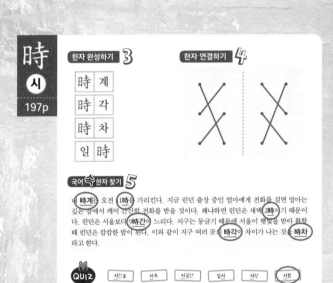

한자 완성하기 3
時 계 / 時 각 / 時 차 / 일 時

국어⇔한자 찾기 5

내 時계는 오전 1時를 가리킨다. 지금 런던 출장 중인 엄마에게 전화를 걸면 엄마는 깊은 잠에서 깨어 간신히 전화를 받을 것이다. 왜냐하면 런던은 새벽 2時이기 때문이다. 런던은 서울보다 9時간이 느리다. 지구는 둥글기 때문에 서울이 햇빛을 받아 환할 때 런던은 캄캄한 밤이 된다. 이와 같이 지구 여러 곳의 時각의 차이가 나는 것을 時차라고 한다.

QUIZ: 시간표 / 시속 / 시공간 / 일시 / 시각 / 시험(○)

問 문 199p

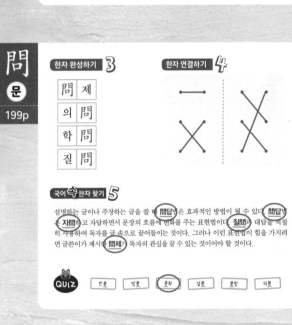

한자 완성하기 3
問 제 / 의 問 / 학 問 / 질 問

국어⇔한자 찾기 5

설명하는 글이나 주장하는 글을 쓸 때 問답법은 효과적인 방법이 될 수 있다. 問답법은 自問하고 자답하면서 문장의 흐름에 변화를 주는 표현법이다. 質問과 대답을 적절히 사용하여 독자를 글 속으로 끌어들이는 것이다. 그러나 이런 표현법이 힘을 가지려면 글쓴이가 제시한 問제가 독자의 관심을 끌 수 있는 것이어야 할 것이다.

QUIZ: 반문 / 방문 / 혼화(○) / 설론 / 혼창 / 의문

答 답 201p

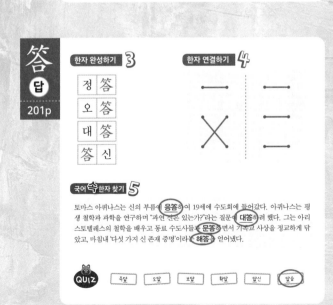

한자 완성하기 3
정 答 / 오 答 / 대 答 / 答 신

국어⇔한자 찾기 5

토마스 아퀴나스는 신의 부름에 응答하여 19세에 수도회에 들어갔다. 아퀴나스는 평생 철학과 과학을 연구하며 "과연 신은 있는가?"라는 질문에 대答하려 했다. 그는 아리스토텔레스의 철학을 배우고 동료 수도사들과 문答하면서 기독교 사상을 정교하게 닦았고, 마침내 '다섯 가지 신 존재 증명'이라는 해答을 얻어냈다.

QUIZ: 즉답 / 오답 / 보답 / 확답 / 답신 / 답습(○)

祖 조 203p

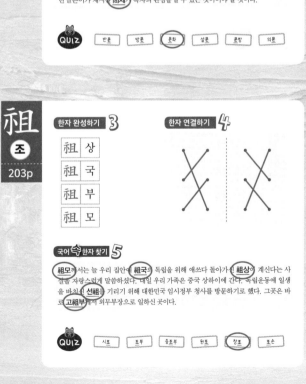

한자 완성하기 3
祖 상 / 祖 국 / 祖 부 / 祖 모

국어⇔한자 찾기 5

祖모께서는 늘 우리 집안이 祖국의 독립을 위해 애쓰다 돌아가신 祖상이 계신다는 사실을 자랑스럽게 말씀하셨다. 내일 우리 가족은 중국 상하이에 간다. 독립운동에 일생을 바친 先祖를 기리기 위해 대한민국 임시정부 청사를 방문하기로 했다. 그곳은 바로 高祖부까지 외무부장으로 일하신 곳이다.

QUIZ: 시조 / 조부 / 증조부 / 원조 / 창조(○) / 조손

孝 (효) 205p

한자 완성하기 3
孝 도
孝 녀
孝 자
孝 자손

한자 연결하기 4

국어 속 한자 찾기 5

탈무드에는 주무시는 아버지를 깨울 수 없어 다이아몬드를 두 배 값에 사겠다고 한 상인에게 팔지 않은 아들을 孝子라고 한 이야기가 나온다. 돈을 벌어 아버지에게 더 큰 孝도를 하면 되지 않을까 생각할 수도 있겠지만, 청년의 생각은 달랐다. 그는 孝행은 孝심에서 나와야 한다고 생각했다. 孝도와 불孝는 행위보다 마음 씀에 달렸다는 것이다.

QUIZ 효성 ｜ 효자손 ｜ 효행 ｜ (효과) ｜ 효손 ｜ 충효

道 (도) 207p

한자 완성하기 3
道 로
인 道
차 道
철 道

한자 연결하기 4

국어 속 한자 찾기 5

'사회간접자본(SOC)'이란 우리가 생활하고, 산업을 발전시키기 위해 꼭 필요한 기초적인 시설을 가리킨다. 예를 들면, 가정이나 사업체에 물을 보내주는 수道 시설, 사람이나 차가 다니기 위해 필요한 인道·차道·철道 같은 道로 시설, 학교, 도서관, 시민 회관, 공원 같은 건축 시설 등이 여기에 포함된다.

QUIZ 도구 ｜ 효도 ｜ (두도) ｜ 도덕 ｜ 도리 ｜ 보도

動 (동) 209p

한자 완성하기 3
動 물
운 動
출 動
율 動

한자 연결하기 4

국어 속 한자 찾기 5

한 남성이 "제주공항을 폭파하겠다!"는 말을 남기고 전화를 끊었다. 제주공항에는 한바탕 소動이 벌어졌다. 경찰이 출動하여 사람들을 안전한 곳으로 이動시키는 등 공항 경계체제에 나섰고, 남성의 신원을 확인해 제주도 자택에 있던 A씨를 검거했다. A씨는 평소 공항 소음 피해로 불만을 갖고 있다가 충動적으로 범행을 저지른 것으로 전해졌다.

QUIZ 행동 ｜ 동사 ｜ 동물 ｜ 감동 ｜ 율동 ｜ (아동)

植 (식) 211p

한자 완성하기 3
植 물
植 물 원
植 목 일
植 물 성

한자 연결하기 4

국어 속 한자 찾기 5

植민지는 '백성을 심은 땅'이라는 뜻이다. 이는 植물을 다른 땅에 옮겨 심는 이植처럼 토지에 백성을 이주시켜 개간하고 경작한다는 뜻이다. 하지만 나중에 植민지는 '다른 나라의 지배를 받고 착취를 당하는 지역'이라는 뜻으로 바뀌었다. 조선이 일본의 지배를 받아 착취를 당했던 것처럼 말이다.

QUIZ 동식물 ｜ 식물성 ｜ 식목일 ｜ (휴식) ｜ 식물원 ｜ 식물인간

物 (물) 213p

한자 완성하기 3
物 건
인 物
동 物
선 物

한자 연결하기 4

국어 속 한자 찾기 5

고고학은 유物과 유적을 발굴하고 연구하는 것이다. 옛사람들이 남긴 物건 가운데 옮길 수 있을 정도로 작은 것은 유物, 옮길 수 없는 것은 유적이라고 한다. 유物에는 여러 종류로 物품과 보物이 있고, 유적에는 건物이나 건物, 고분(오래된 무덤) 등이 있다. 화석이 된 동物의 뼈나 조개, 씨앗 등도 유物에 포함된다.

QUIZ 사물 ｜ 식물 ｜ 건물 ｜ (눈물) ｜ 선물 ｜ 인물

車 (거/차) 215p

한자 완성하기 3
자 동 車
자 전 車
소 방 車
풍 車

한자 연결하기 4

국어 속 한자 찾기 5

우리나라에서 자전車도로라는 개념은 1995년 제주도에서 처음 생겼다. 당시 정부는 자동車 증가로 인한 교통 혼잡과 대기 오염 문제를 해결하기 위해 도로 위에 자동車을 줄이고 대신 자전車를 늘리기로 한 것이다. 이를 위해 자전車 도로와 車선을 긋고 자전車주차장을 만드는 등 편리하게 자전車를 이용할 수 있는 시설을 마련했다.

QUIZ 규정거/차 ｜ 세차 ｜ 풍차 ｜ 주차장 ｜ 정거장 ｜ (차례)

1

世	上	下	左	右	空	間	老
인간 세	윗 상	아래 하	왼 좌	오른쪽 우	빌 공	사이 간	늙을 로

少	同	時	問	答	祖	孝	道
적을 소	한가지 동	때 시	물을 문	대답 답	할아버지 조	효도 효	길 도

動	植	物	車
움직일 동	심을 식	물건 물	수레 거/차

2

世	上	下	左	右	空	間	老
인간 세	윗 상	아래 하	왼 좌	오른쪽 우	빌 공	사이 간	늙을 로

少	同	時	問	答	祖	孝	道
적을 소	한가지 동	때 시	물을 문	대답 답	할아버지 조	효도 효	길 도

動	植	物	車
움직일 동	심을 식	물건 물	수레 거/차

3

世	上	下	左	右	空	間	老
인간 세	윗 상	아래 하	왼 좌	오른쪽 우	빌 공	사이 간	늙을 로

少	同	時	問	答	祖	孝	道
적을 소	한가지 동	때 시	물을 문	대답 답	할아버지 조	효도 효	길 도

動	植	物	車
움직일 동	심을 식	물건 물	수레 거/차

4
- ❶ 世上
- ❷ 時間
- ❸ 空間
- ❹ 車道

5
③
車 - 問 - 答

8급 배정한자 50자

ㄱ	校	학교	교	14
	教	가르칠	교	8
	九	아홉	구	42
	國	나라	국	84
	軍	군사	군	92
	金	쇠 금, 성씨 김		60
ㄴ	南	남녘	남	68
	女	여자	녀	110
	年	해	년	22
ㄷ	大	큰	대	72
	東	동녘	동	64
ㄹ	六	여섯	륙	36
ㅁ	萬	일만	만	46
	母	어머니	모	102
	木	나무	목	58
	門	문	문	20
	民	백성	민	80

ㅂ	白	흰	백	106
	父	아버지	부	100
	北	북녘 북, 달아날 배		70
ㅅ	四	넉	사	32
	山	메	산	86
	三	석	삼	30
	生	날	생	18
	西	서녘	서	66
	先	먼저	선	16
	小	작을	소	76
	水	물	수	56
	室	집	실	10
	十	열	십	44
ㅇ	五	다섯	오	34
	王	임금	왕	78
	外	바깥	외	108
	月	달	월	52

	二	두	이	28
	人	사람	인	94
	一	한	일	26
	日	날	일	50
ㅈ	長	길	장	88
	弟	아우	제	98
	中	가운데	중	74
ㅊ	靑	푸를	청	104
	寸	마디	촌	24
	七	일곱	칠	38
ㅌ	土	흙	토	62
ㅍ	八	여덟	팔	40
ㅎ	學	배울	학	12
	韓	한국/나라	한	82
	兄	형	형	96
	火	불	화	54

7급 배정한자 50자

ㄱ	家	집	가	128
	歌	노래	가	134
	間	사이	간	188
	車	수레	거/차	214
	工	장인	공	166
	空	빌	공	186
	口	입	구	130
	記	기록할	기	162
	旗	기	기	116
ㄴ	男	사내	남	114
	農	농사	농	144
ㄷ	答	대답	답	200
	道	길	도	206
	洞	골 동, 밝을 통		126
	同	한가지	동	194
	動	움직일	동	208
ㄹ	來	올	래	120

	老	늙을	로	190
	里	마을	리	152
	林	수풀	림	118
ㅁ	每	매양	매	164
	名	이름	명	142
	問	물을	문	198
	物	물건	물	212
ㅂ	百	일백	백	156
	夫	지아비	부	148
ㅅ	事	일	사	146
	算	셈	산	122
	上	윗	상	178
	姓	성씨	성	140
	世	인간	세	176
	少	적을	소	192
	所	바	소	170
	數	셈	수	124

	手	손	수	136
	時	때	시	196
	市	저자	시	172
	植	심을	식	210
	食	밥/먹을	식	150
ㅇ	右	오른쪽	우	184
	有	있을	유	160
ㅈ	子	아들	자	112
	場	마당	장	168
	祖	할아버지	조	202
	足	발	족	138
	左	왼	좌	182
ㅊ	千	일천	천	158
	村	마을	촌	154
ㅎ	下	아래	하	180
	孝	효도	효	204